Annie Ernaux

La honte

Gallimard

Annie Ernaux a passé son enfance et sa jeunesse à Yvetot, en Normandie. Agrégée de lettres modernes, elle a été professeur au Centre national d'enseignement à distance. Elle vit dans le Val-d'Oise, à Cergy.

À Philippe V.

Le langage n'est pas la vérité. Il est notre manière d'exister dans l'univers.

Paul Auster
L'invention de la solitude

Mon père a voulu tuer ma mère un dimanche de juin, au début de l'après-midi. J'étais allée à la messe de midi moins le quart comme d'habitude. J'avais dû rapporter des gâteaux du pâtissier installé dans la cité commerciale, un ensemble de bâtiments provisoires édifiés après la guerre, en attendant l'achèvement de la reconstruction. En rentrant, j'ai enlevé mes affaires du dimanche et enfilé une robe se lavant facilement. Une fois les clients partis, les volets ajustés sur la devanture de l'épicerie, nous avons mangé, sans doute la radio allumée, parce qu'à cette heure-là, c'était une émission humoristique, *Le tribunal*, avec Yves Deniaud dans le rôle d'un lampiste accusé continuellement de méfaits dérisoires et condamné à des peines ridicules par un juge à la voix chevrotante. Ma mère était de mauvaise humeur. La dispute qu'elle avait entreprise avec mon père, sitôt assise, n'a pas cessé durant tout le repas. La vaisselle débarrassée, la toile cirée essuyée, elle a continué d'adresser des reproches à mon père, en tournant dans la cuisine, minuscule — coincée entre le café, l'épicerie et l'escalier menant à l'étage —, comme à chaque fois qu'elle était contrariée. Mon père était resté assis à la table, sans répondre, la tête tournée vers la fenêtre. D'un seul coup, il s'est mis à trembler convulsivement et à souffler. Il s'est levé et je l'ai vu empoigner ma mère, la traîner dans le café en criant avec une voix rauque, inconnue. Je me suis sauvée à l'étage et je me suis jetée sur mon lit, la tête dans un coussin. Puis j'ai entendu ma mère hurler : « Ma fille ! » Sa voix venait de la cave, à côté du café. Je me suis précipitée au bas de l'escalier, j'appelais « Au secours ! » de toutes mes forces. Dans la cave mal éclairée, mon père agrippait ma mère par les épaules, ou le cou. Dans son autre main, il tenait la serpe à couper le bois qu'il avait arrachée du billot où elle était ordinairement plantée. Je ne me souviens plus ici que de sanglots et de cris. Ensuite, nous nous trouvons de nouveau tous les trois dans la cuisine. Mon père est assis près de la fenêtre, ma mère est restée debout près de la cuisinière et je suis assise au bas de l'escalier. Je pleure sans pouvoir m'arrêter. Mon père n'était pas redevenu normal, ses mains tremblaient et il avait sa voix inconnue. Il répétait « pourquoi tu pleures, je ne t'ai rien fait à toi ». Je me rappelle une phrase que j'ai eue : « Tu vas me faire gagner malheur [1]. » Ma mère disait, « allons c'est fini ». Après, nous sommes partis tous les trois nous promener à bicyclette dans la campagne des alentours. En

1. En normand, gagner malheur signifie devenir fou et malheureux pour toujours à la suite d'un effroi.

rentrant, mes parents ont rouvert le café comme tous les dimanches soir. Il n'a plus jamais été question de rien.

C'était le 15 juin 52. La première date précise et sûre de mon enfance. Avant, il n'y a qu'un glissement des jours et des dates inscrites au tableau et sur les cahiers.

À quelques hommes, plus tard, j'ai dit : « Mon père a voulu tuer ma mère quand j'allais avoir douze ans. » Avoir envie de dire cette phrase signifiait que je les avais dans la peau. Tous se sont tus après l'avoir entendue. Je voyais que j'avais commis une faute, qu'ils ne pouvaient recevoir cette chose-là.

J'écris cette scène pour la première fois. Jusqu'à aujourd'hui, il me semblait impossible de le faire, même dans un journal intime. Comme une action interdite devant entraîner un châtiment. Peut-être celui de ne plus pouvoir écrire quoi que ce soit

ensuite. (Une sorte de soulageme[...]
l'heure en constatant que je c[...]
d'écrire comme avant, qu'il n'éta[...]
arrivé de terrible.) Même, depuis que j'ai
réussi à faire ce récit, j'ai l'impression qu'il
s'agit d'un événement banal, plus fréquent
dans les familles que je ne l'avais imaginé.
Peut-être que le récit, tout récit, rend normal n'importe quel acte, y compris le plus
dramatique. Mais parce que j'ai toujours
eu cette scène en moi comme une image
sans mots ni phrases, en dehors de celle que
j'ai dite à des amants, les mots que j'ai
employés pour la décrire me paraissent
étrangers, presque incongrus. Elle est devenue une scène pour les autres.

Avant de commencer, je croyais être
capable de me rappeler chaque détail.
Je n'ai retenu, en fait, que l'atmosphère,
la position de chacun dans la cuisine,
quelques paroles. Je ne sais plus quel était
le motif initial de la dispute, si ma mère
avait encore sa blouse blanche de commer-

çante ou si elle l'avait enlevée en prévision de la promenade, ce que nous avons mangé. Je n'ai aucun souvenir précis de la matinée du dimanche, en dehors du cadre des habitudes, messe, pâtissier, etc. — bien que j'aie dû, comme je le ferai plus tard pour d'autres événements, revenir souvent en arrière, dans le temps où la scène n'avait pas encore eu lieu. Je suis sûre, cependant, que je portais ma robe bleue à pois blancs, parce que les deux étés où j'ai continué de la mettre, je pensais au moment de l'enfiler « c'est la robe de ce jour-là ». Sûre aussi du temps qu'il faisait, un mélange de soleil, de nuages et de vent.

Après, ce dimanche-là s'est interposé entre moi et tout ce que je vivais comme un filtre. Je jouais, je lisais, j'agissais comme d'habitude mais je n'étais dans rien. Tout était devenu artificiel. Je retenais mal des leçons qu'avant il me suffisait de lire une fois pour les savoir. Une hyperconscience qui ne se fixait sur rien a remplacé ma nonchalance d'élève comptant sur sa facilité.

C'est une scène qui ne pouvait pas être jugée. Mon père qui m'adorait avait voulu supprimer ma mère qui m'adorait aussi. Comme ma mère était plus chrétienne que mon père, qu'elle s'occupait de l'argent et rencontrait mes maîtresses, je devais considérer comme naturel qu'elle crie après lui de la même façon qu'après moi. Il n'y avait de faute ni de coupable nulle part. Je devais seulement empêcher que mon père tue ma mère et aille en prison.

Il me semble avoir attendu pendant des mois, peut-être des années, le retour de la scène, certaine qu'elle se reproduirait. La présence des clients me rassurait, j'appréhendais les moments où nous n'étions qu'entre nous, le soir et le dimanche après-midi. J'étais en alerte au moindre éclat de voix entre eux, je surveillais mon père, sa figure, ses mains. Dans tout silence soudain, je sentais venir le malheur. À l'école, je me demandais si je n'allais pas, en rentrant, trouver le drame accompli.

Quand il leur arrivait de montrer qu'ils avaient de l'affection l'un pour l'autre, par un sourire ou un rire complices, une plaisanterie, je croyais être revenue au temps d'avant la scène. Celle-ci n'était qu'un « mauvais rêve ». L'heure d'après, je savais que cette marque d'affection n'avait de sens que dans le moment où elle s'était produite et n'apportait aucune garantie pour l'avenir.

À cette époque passait souvent à la radio une chanson bizarre qui évoquait et mimait une bagarre surgissant brusquement dans un saloon : il y avait une période de silence, où une voix chuchotait juste « on entendrait une mouche voler » puis une explosion de cris, de phrases confuses. À chaque fois, j'étais saisie d'angoisse. Un jour mon oncle m'a tendu le roman policier qu'il

20

était en train de lire : « Qu'est-ce que tu dirais si ton père était accusé d'un meurtre et qu'il ne soit pas coupable ? » Je suis devenue toute froide. Je retrouvais partout la scène d'un drame qui n'avait pas eu lieu.

Elle ne s'est jamais reproduite. Mon père est mort quinze ans après, un dimanche de juin également.

C'est seulement maintenant que je m'avise de ceci : mes parents ont peut-être évoqué entre eux la scène du dimanche, le geste de mon père, trouvé une explication, ou une excuse, et décidé de tout oublier. Par exemple, une nuit après avoir fait l'amour. Cette pensée, comme toutes celles qu'on n'a pas eues sur le moment, vient trop tard. Elle ne peut plus me servir, sinon à mesurer par son absence la terreur sans mots qu'a été pour moi ce dimanche.

En août, des Anglais se sont installés pour camper au bord d'une route déserte, dans le sud de la France. Le matin, on les a trouvés assassinés, le père, Sir Jack Drummond, sa femme, lady Ann, et leur fille Elizabeth. La ferme la plus proche appartenait à une famille d'origine italienne, les Dominici, dont le fils Gustave a d'abord été accusé des trois meurtres. Les Dominici parlaient mal le français, les Drummond, peut-être mieux qu'eux. De l'anglais et de l'italien, je ne connaissais que « do not to lean outside » et « è pericoloso sporgersi », écrit dans les trains au-dessous de « ne pas se pencher au-dehors ». On trouvait étrange que des gens aisés aient préféré dormir à la belle étoile plutôt qu'à l'hôtel. Je m'imaginais morte avec mes parents au bord d'une route.

De cette année-là, il me reste deux photos. L'une me représente en communiante. C'est une « photographie d'art », en noir et blanc, insérée et collée dans un livret en papier cartonné, incrusté de volutes, recouverte d'une feuille à demi transparente. À l'intérieur, la signature du photographe. On voit une fille au visage plein, lisse, des pommettes marquées, un nez arrondi avec des narines larges. Des lunettes à grosse monture, claire, descendent au milieu des pommettes. Les yeux fixent l'objectif intensément. Les cheveux courts, permanentés, dépassent devant et derrière le bonnet, d'où pend le voile attaché sous le menton de façon lâche. Juste un petit sourire ébauché au coin de la lèvre. Un visage de petite fille sérieuse, faisant plus que son âge à cause de la permanente et des lunettes. Elle est agenouillée sur un prie-dieu, les coudes sur l'appui rembourré, les mains, larges, avec une bague à l'auriculaire, jointes sous la joue et entourées d'un chapelet qui retombe sur le missel et les gants posés sur le prie-dieu. Caractère flou, informe, de la silhouette dans la robe de mousseline dont la ceinture a été nouée lâche, comme le bonnet. Impression qu'il n'y a pas de corps sous cet habit de petite bonne sœur parce que je ne peux pas l'imaginer, encore moins le ressentir comme je ressens le mien maintenant. Étonnement de penser que c'est pourtant le même aujourd'hui.

Cette photo date du 5 juin 52. Elle a été prise, non le jour de ma communion solennelle en 51, mais — je ne sais plus pour quelle raison — celui du « renouvellement des vœux », où l'on redoublait la cérémonie, dans le même costume, un an après.

Sur l'autre photo, petite, rectangulaire, je suis avec mon père devant un muret décoré de jarres de fleurs. C'est à Biarritz, fin août 52, sans doute sur la promenade longeant la mer qu'on ne voit pas, au cours d'un voyage organisé à Lourdes. Je ne dois pas dépasser un mètre soixante, car ma tête arrive légèrement au-dessus de l'épaule de mon père, qui mesurait un mètre soixante-treize. Mes cheveux ont poussé en trois mois, formant une sorte de couronne moutonnée, retenue par un ruban autour de la tête. La photo est très floue, prise avec l'appareil cubique gagné par mes parents dans une kermesse avant la guerre. On distingue mal mon visage, mes lunettes, mais un sourire large est visible. Je porte une jupe et un chemisier blancs, l'uniforme que j'avais lors de la fête de la jeunesse des écoles chrétiennes. Par-dessus, une veste, dont les manches ne sont pas enfilées. Ici, je parais mince, plate, à cause de la jupe plaquée aux hanches puis évasée. Dans cette tenue, je ressemble à une petite femme. Mon père est en veste foncée, chemise et pantalon clairs, cravate sombre. Il sourit à peine, avec l'habituel air anxieux qu'il a sur toutes les photos. J'ai sans doute gardé celle-ci parce qu'à la différence d'autres, nous y apparaissions comme ce que nous n'étions pas, des gens chics, des villégiaturistes. Sur aucune des deux photos je n'ouvre la bouche pour sourire, à cause de mes dents mal plantées et abîmées.

Je regarde ces photos jusqu'à perdre toute pensée, comme si, à force de les fixer, j'allais réussir à passer dans le corps et la tête de cette fille qui a été là, un jour, sur le prie-dieu du photographe, à Biarritz, avec son père. Pourtant, si je ne les avais jamais vues, qu'on me les montre pour la première fois, je ne croirais pas qu'il s'agisse de moi. (Certitude que « c'est moi », impossibilité de me reconnaître, « ce n'est pas moi ».)

Trois mois à peine les séparent. La première date de début juin, la seconde de fin août. Elles sont trop différentes par le format, la qualité, pour indiquer un changement certain dans ma silhouette et ma figure, mais il me semble que ce sont deux bornes temporelles, l'une, la communiante, à la fin de l'enfance qu'elle ferme, l'autre, inaugurant le temps où je ne cesserai plus d'avoir honte. Peut-être ne s'agit-il que du désir de découper dans la durée de cet été-là une période précise, comme le ferait un historien. (Dire, « cet été-là » ou « l'été de mes douze ans » c'est rendre romanesque ce qui ne l'était pas plus que ne l'est pour moi l'actuel été 95, dont je n'imagine même pas qu'il pourra passer un jour dans la vision enchantée que suggère l'expression : « cet été-là ».)

Comme traces matérielles de cette année-là, il me reste aussi :

une carte postale-photo en noir et blanc d'Élisabeth II. Elle m'a été offerte par une petite fille d'amis havrais de mes parents, qui était allée en Angleterre avec sa classe pour la fête du couronnement. Au dos, une petite tache brunâtre, déjà là quand la carte m'a été donnée, et qui me répugnait. Chaque fois que je tombais sur la carte, je pensais à la tache. Élisabeth II est vue le visage de profil, regardant au loin, les cheveux noirs, courts, coiffés en arrière, la bouche grande, épaissie par un rouge foncé. La main gauche appuyée sur une fourrure, la droite avec un éventail. Impossible de me rappeler si elle me paraissait belle. La question ne se posait peut-être pas puisqu'elle était reine.

une petite trousse à couture en cuir rouge, vide de ses accessoires, ciseaux, crochet, poinçon, etc., cadeau de Noël que j'avais préféré à un sous-main, parce que plus utile à l'école.

une carte postale représentant l'intérieur de la cathédrale de Limoges que j'ai envoyée à ma mère lors du voyage organisé de Lourdes. Dans une grosse écriture, au dos : « À Limoges, l'hôtel est très bien, il y vient énormément d'étrangers. Grands embrassements », avec mon prénom et « Papa ». C'est mon père qui a rédigé l'adresse. Cachet du 22/08/52.

un livret de cartes postales : « Le château fort de Lourdes. Musée pyrénéen », que j'ai dû acheter quand nous avons visité celui-ci.

la partition d'une chanson, *Voyage à Cuba*, une double page bleue avec, sur la couverture, des petits bateaux où sont inscrits les noms des artistes qui chantent ou jouent cette chanson, Patrice et Mario, les sœurs Étienne, Marcel Azzola, Jean Sablon, etc. Je devais l'aimer particulièrement puisque j'avais voulu en posséder le texte, réussissant à persuader ma mère de me donner de l'argent pour acheter une chose qui était à ses yeux futile et surtout inutile pour apprendre à l'école. Plus, donc, que les succès de cet été-là, *Ma p'tite folie* et *Mexico*, que fredonnait l'un des chauffeurs de car du voyage à Lourdes.

le missel qui figure sous mes gants sur la photo de communion, intitulé *Missel vespéral romain* par Dom Gaspard Lefebvre — Bruges. Chaque page est divisée en deux colonnes, latin-français, sauf au centre du livre occupé par l'« ordinaire de la messe », où toute la page de droite est en français et celle de gauche en latin. Au début, un « calendrier liturgique du temporal et des fêtes mobiles de 1951 à 1968 ». Dates étranges, tant le livre est hors du temps et pourrait avoir été écrit plusieurs siècles avant. Des mots qui reviennent sans cesse me sont toujours obscurs, tels que la secrète, le graduel, le trait (je ne me souviens pas avoir cherché à les comprendre). Profond étonnement, jusqu'au malaise, en feuilletant ce livre qui me paraît écrit dans une langue ésotérique. Je reconnais tous les mots et je pourrais sans regarder dévider la suite d'*Agnus dei* ou de quelque autre prière courte, mais je ne peux pas me reconnaître dans la fille qui, chaque dimanche et jour de fête, relisait le texte de la messe avec application, peut-être ferveur, considérant sans doute comme un péché de ne pas le faire. De même que les photos constituent la preuve de mon corps de 52, le missel — dont la conservation au travers des déménagements n'est pas anodine — est la preuve matérielle irréfutable de l'univers religieux qui était le mien mais que je ne peux plus ressentir. Je n'éprouve pas la même sensation de gêne devant *Voyage à Cuba* qui parle d'amour et de voyage, deux désirs toujours actuels dans ma vie. Je viens d'en fredonner les paroles avec satisfaction, *Nous étions deux garçons deux filles / Sur un petit youyou de bois / Il s'appelait Nina-Gentille / Et nous allions à Cuba.*

Depuis plusieurs jours, je vis avec la scène du dimanche de juin. Quand je l'ai écrite, je la voyais en « clair », avec des couleurs, des formes distinctes, j'entendais les voix. Maintenant, elle est grisée, incohérente et muette, comme un film sur une chaîne de télévision cryptée regardé sans décodeur. L'avoir mise en mots n'a rien changé à son absence de signification. Elle est toujours ce qu'elle a été depuis 52, une chose de folie et de mort, à laquelle j'ai constamment comparé, pour évaluer leur degré de douleur, la plupart des événements de ma vie, sans lui trouver d'équivalent.

Si, comme j'en ai le sentiment, à divers signes — le besoin de revenir sur les lignes écrites, l'impossibilité d'entreprendre autre chose —, je suis en train de commencer un livre, j'ai pris le risque d'avoir tout révélé d'emblée. Mais rien ne l'est, que le fait brut. Cette scène figée depuis des années, je veux la faire bouger pour lui enlever son caractère sacré d'icône à l'intérieur de moi (dont témoigne, par exemple, cette croyance qu'elle me faisait écrire, que c'est elle qui est au fond de mes livres).

Je n'attends rien de la psychanalyse ni d'une psychologie familiale dont je n'ai pas eu de peine à établir les conclusions rudimentaires depuis longtemps, mère dominatrice, père qui pulvérise sa soumission en un geste mortel, etc. Dire « il s'agit d'un traumatisme familial » ou « les dieux de l'enfance sont tombés ce jour-là » n'entame pas une scène que seule l'expression qui m'est venue alors pouvait rendre, *gagner malheur*. Les mots abstraits, ici, restent au-dessus de moi.

Hier, je suis allée aux Archives de Rouen consulter *Paris-Normandie* de 1952, que le livreur du marchand de journaux apportait chaque jour à mes parents. C'est une chose que je n'avais jamais osé faire non plus jusqu'ici, comme si j'allais *gagner malheur* de nouveau en ouvrant le journal de juin. En montant l'escalier, j'avais l'impression d'aller vers un rendez-vous effrayant. Dans une salle sous les combles de la mairie une femme m'a apporté deux grands registres noirs contenant tous les numéros de 52. J'ai commencé de les parcourir à partir du 1er janvier. Je voulais retarder le moment d'arriver au 15 juin, me remettre dans la succession innocente des jours qui était la mienne avant cette date.

En haut et à droite de la première page figuraient les prévisions météorologiques de l'abbé Gabriel. Je ne pouvais rien mettre dessous, ni jeux ni promenades. J'étais absente de ce défilé de nuages, soleil avec éclaircies, bourrasque, marquant l'avancée du temps.

Je connaissais la plupart des événements évoqués, la guerre d'Indochine, de Corée, les émeutes d'Orléansville, le plan Pinay, mais je ne les aurais pas situés spécialement en 52, les ayant sans doute mémorisés dans une période ultérieure de ma vie. Je ne pouvais relier « Six bicyclettes à plastic font explosion à Saigon » et « Duclos est écroué à Fresnes pour atteinte à la sûreté de l'État » à aucune image de moi en 52. Que Staline, Churchill, Eisenhower aient été aussi vivants pour moi que le sont maintenant Eltsine, Clinton ou Kohl m'a paru étrange. Je ne reconnaissais rien. C'était comme si je n'avais pas déjà vécu en ce temps-là.

Devant la photo de Pinay, j'ai été frappée par sa ressemblance avec Giscard d'Estaing, non l'actuel, décrépit, mais celui d'il y a vingt ans. L'expression « le rideau de fer » m'a remise dans la classe de l'école privée, quand la maîtresse demandait qu'on dise la dizaine de chapelet pour les chrétiens qui étaient derrière et que je voyais une immense muraille métallique contre laquelle se jetaient des hommes et des femmes.

Cependant, j'ai tout de suite reconnu la bande humoristique, *Poustiquet*, analogue à celles qui ont figuré longtemps en dernière page de *France-Soir*, et l'histoire drôle du jour, dont je me suis demandé si elle me faisait rire, telle que celle-ci : « Eh bien, pêcheur, est-ce que ça mord ? — Oh ! non, monsieur, ce sont des goujons et ils ne sont pas méchants. » J'ai reconnu aussi les publicités et les titres des films qui passaient dans les cinémas de Rouen avant d'arriver à Y.,

Les amants de Capri, Ma femme est formidable,
etc.

Il y avait des faits divers atroces tous les jours, un enfant de deux ans mort subitement en mangeant un croissant, un fermier fauchant les jambes de son fils caché par jeu dans les tiges de blé, un obus de la guerre qui avait tué trois enfants à Creil. C'était ce que j'avais le plus envie de lire.

Le prix du beurre et du lait faisait la une. Le monde rural semblait tenir une grande place, comme en témoignaient les informations sur la fièvre aphteuse, des reportages sur les femmes d'agriculteurs, les publicités de produits vétérinaires, Lapicrine, Osporcine. À la quantité de pastilles et de sirops vantés, les gens devaient tousser beaucoup ou se soigner seulement avec ces produits sans voir le médecin.

Le numéro du samedi comportait une rubrique « Pour vous mesdames ». J'ai perçu une vague ressemblance entre certains modèles de vestes et celle que je porte sur la photo de Biarritz. Mais, pour le reste, j'étais sûre que ni ma mère, ni moi n'étions habillées de cette manière et dans les styles de coiffure proposés ne figurait pas ma permanente en couronne, semi-défrisée, de la même photo.

Je suis arrivée au numéro du samedi 14-dimanche 15 juin. La une annonçait : « La récolte de blé représente une prévision supplémentaire de 10 % — Pas de favoris aux 24 heures du Mans. À Paris M. Jacques Duclos longuement interrogé — Après 10 jours de recherches le corps de la petite Joëlle est retrouvé près de la maison de ses parents. Elle avait été précipitée dans une fosse d'aisances par une voisine qui a avoué son crime. »

Je n'ai pas eu envie de poursuivre plus avant la lecture des journaux. En descendant les escaliers des Archives, je me suis rendu compte que j'étais venue là comme si j'allais trouver la scène dans le journal de 52. Plus tard, j'ai pensé avec étonnement qu'elle se passait pendant que des voitures vrombissaient inlassablement sur le circuit du Mans. Le rapprochement des deux images m'était inconcevable. Avant de me dire qu'aucun des milliards de faits qui s'étaient produits dans le monde ce dimanche-là ne pourrait être placé à côté de la scène sans me remplir de stupeur. Elle seule a été réelle.

J'ai devant moi la liste d'événements, de films et de publicités que j'avais notés avec satisfaction en parcourant *Paris-Normandie*. Je n'ai rien à attendre de ce genre de documents. Constater qu'il n'y avait pas beaucoup de voitures, de frigidaires et que Lux était le savon de toilette des stars en 52 n'a pas plus d'intérêt que d'énumérer les ordinateurs, le micro-ondes et les surgelés des années quatre-vingt-dix. La répartition sociale des choses a plus de sens que leur existence. En 52, c'était ne pas avoir l'eau sur l'évier quand d'autres ont une salle de bains qui comptait, aujourd'hui s'habiller chez Froggy quand d'autres le font chez Agnès B. Sur les différences entre les époques, les journaux ne fournissent que des signes collectifs.

Ce qui m'importe, c'est de retrouver les mots avec lesquels je me pensais et pensais le monde autour. Dire ce qu'étaient pour moi le normal et l'inadmissible, l'impensable même. Mais la femme que je suis en 95 est incapable de se replacer dans la fille de 52 qui ne connaissait que sa petite ville, sa famille et son école privée, n'avait à sa disposition qu'un lexique réduit. Et devant elle, l'immensité du temps à vivre. Il n'y a pas de vraie mémoire de soi.

Pour atteindre ma réalité d'alors, je n'ai pas d'autre moyen sûr que de rechercher les lois et les rites, les croyances et les valeurs qui définissaient les milieux, l'école, la famille, la province, où j'étais prise et qui dirigeaient, sans que j'en perçoive les contradictions, ma vie. Mettre au jour les langages qui me constituaient, les mots de la religion, ceux de mes parents liés aux gestes et aux choses, des romans que je lisais dans *Le Petit Écho de la mode* ou dans *Les Veillées des chaumières*. Me servir de ces mots, dont certains exercent encore sur moi leur pesanteur, pour décomposer et remonter, autour de la scène du dimanche de juin, le texte du monde où j'ai eu douze ans et cru devenir folle.

Naturellement pas de récit, qui produirait une réalité au lieu de la chercher. Ne pas me contenter non plus de lever et transcrire les images du souvenir mais traiter celles-ci comme des documents qui s'éclaireront en les soumettant à des approches différentes. Être en somme ethnologue de moi-même.

(Sans doute n'est-il pas nécessaire de noter tout cela, mais je ne peux commencer à écrire réellement sans tâcher de voir clair dans les conditions de mon écriture.)

Ce faisant, je vise peut-être à dissoudre la scène indicible de mes douze ans dans la généralité des lois et du langage. Peut-être s'agit-il encore de cette chose folle et mortelle, insufflée par ces mots d'un missel qui m'est désormais illisible, d'un rituel que ma réflexion place à côté de n'importe quel cérémonial vaudou, *prenez et lisez car ceci est mon corps et mon sang qui sera versé pour vous.*

En juin 52, je ne suis jamais sortie du territoire qu'on nomme d'une façon vague mais comprise de tous, *par chez nous*, le pays de Caux, sur la rive droite de la Seine, entre Le Havre et Rouen. Au-delà commence déjà l'incertain, le reste de la France et du monde que *par là-bas*, avec un geste du bras montrant l'horizon, réunit dans la même indifférence et inconcevabilité d'y vivre. Il semble impossible d'aller à Paris autrement qu'en voyage organisé, à moins d'y avoir de la famille susceptible de vous guider. Prendre le métro apparaît comme une expérience compliquée, plus terrifiante que monter dans le train fantôme à la foire et nécessitant un apprentissage qu'on

suppose long et difficile. Croyance générale qu'on ne peut aller quelque part sans
connaître et admiration profonde pour ceux
ou celles qui _n'ont pas peur d'aller partout_.

Les deux grandes villes de _par chez nous_, Le
Havre et Rouen, suscitent moins d'appréhension, elles font partie du langage de
toute mémoire familiale, de l'ordinaire de la
conversation. Beaucoup d'ouvriers y tra-
vaillent, partant le matin et revenant le soir
par « la micheline ». À Rouen, plus proche
et plus importante que Le Havre, _il y a tout_,
c'est-à-dire des grands magasins, des spécia-
listes de toutes les maladies, plusieurs cinémas, une piscine couverte pour apprendre
à nager, la foire Saint-Romain qui dure un
mois en novembre, des tramways, des salons
de thé et des grands hôpitaux où l'on
emmène les gens pour les opérations déli-
cates, les cures de désintoxication et les élec-
trochocs. À moins d'y travailler comme
ouvrier sur un chantier de reconstruction,
personne ne s'y rend vêtu en « tous-

les-jours ». Ma mère m'y emmène une fois par an, pour la visite à l'oculiste et l'achat des lunettes. Elle en profite pour acheter des produits de beauté et des articles « qu'on ne trouve pas à Y. ». On n'y est pas vraiment chez nous, parce qu'on ne connaît personne. Les gens paraissent s'habiller et parler mieux. À Rouen, on se sent vaguement « en retard », sur la modernité, l'intelligence, l'aisance générale de gestes et de paroles. Rouen est pour moi l'une des figures de l'avenir, comme le sont les romans-feuilletons et les journaux de mode.

En 52, je ne peux pas me penser en dehors d'Y. De ses rues, ses magasins, ses habitants, pour qui je suis Annie D. ou « la petite D. ». Il n'y a pas pour moi d'autre monde. Tous les propos contiennent Y., c'est par rapport à ses écoles, son église, ses marchands de nouveautés, ses fêtes, qu'on se situe et qu'on désire. Cette ville de sept mille habitants entre Le Havre et Rouen est la seule où nous pouvons dire du plus grand

44

nombre de personnes « il ou elle demeure dans telle rue, a tant d'enfants, travaille à tel endroit », où nous sommes à même d'indiquer les horaires des messes et du cinéma Leroy, la meilleure pâtisserie ou le boucher le moins voleur. Mes parents y étant nés et, avant eux, leurs parents et leurs grands-parents dans des villages voisins, il n'y a pas d'autre ville sur laquelle nous possédions un savoir plus étendu, qu'il s'agisse de l'espace ou du temps. Je sais qui vivait cinquante ans auparavant dans la maison à côté de la nôtre, où ma mère achetait le pain en revenant de l'école communale. Je croise des hommes et des femmes avec qui ma mère et mon père, avant de se rencontrer, ont failli se marier. Les gens « qui ne sont pas d'ici » sont ceux sur lesquels on ne détient aucun savoir, dont l'histoire est inconnue, ou invérifiable, et qui ne connaissent pas la nôtre. Bretons, Marseillais ou Espagnols, tous ceux qui ne parlent pas « comme nous » font partie, à des degrés divers, des étrangers.

(Nommer cette ville — comme je l'ai fait d'autres fois — m'est impossible ici, où elle n'est pas le lieu géographique signalé sur une carte, qu'on traverse en allant de Rouen au Havre par le train ou en voiture par la nationale 15. C'est le lieu d'origine sans nom où, quand j'y retourne, je suis aussitôt saisie par une torpeur qui m'ôte toute pensée, presque tout souvenir précis, comme s'il allait m'engloutir de nouveau.)

Topographie d'Y. en 52.

Le centre, ravagé par un incendie lors de l'avance allemande en 40, bombardé ensuite en 44 comme le reste de la Normandie, est en cours de reconstruction. Il présente un mélange de chantiers, de terrains vagues et d'immeubles terminés en béton, de deux étages avec des commerces modernes au rez-de-chaussée, de baraquements provisoires et d'édifices anciens épargnés par la guerre, la mairie, le cinéma Leroy, la poste, les halles du marché. L'église a été brûlée, une salle de patronage sur la place de la mairie en tient lieu : la messe est célébrée sur la scène, devant les gens assis au parterre ou dans la galerie qui fait le tour de la salle.

Autour du centre rayonnent des rues pavées ou goudronnées, bordées de maisons à étages en brique ou pierre et de trottoirs, de propriétés isolées derrière des grilles, occupées par des notaires, médecins, directeurs, etc. S'y trouvent aussi les écoles publiques et privées, éloignées les unes des autres. Ce n'est plus le centre, mais toujours la ville. Au-delà s'étendent les quartiers dont les habitants disent qu'ils vont « en ville » ou même « à Y. » quand ils se rendent dans le centre. La limite entre le centre et les quartiers est géographiquement incertaine : fin des trottoirs, davantage de vieilles maisons (à colombage, de deux ou trois pièces au plus, sans eau courante, les cabinets au-dehors), de jardins de légumes, de moins en moins de commerces en dehors d'une épicerie-café-charbons, apparition des « cités ». Mais claire pour tout le monde dans la pratique : le centre, c'est là où l'on ne va pas faire ses courses en chaussons ou en bleu de travail. La valeur des quartiers diminue au fur et à mesure qu'on s'éloigne du centre, que les villas se raréfient et que les pâtés de maisons avec une cour commune deviennent plus nombreux. Les plus reculés, avec des chemins de terre, des fondrières quand il pleut et des fermes derrière des talus, appartiennent déjà à la campagne.

Le quartier du Clos-des-Parts, tout en longueur, s'étend du centre au pont de Cany, entre la rue de la République et le quartier du Champ-de-Courses. La rue du Clos-des-Parts, qui va de la route du Havre — traversant le centre — au pont de Cany, en est l'axe principal. Le commerce de mes parents est situé dans la partie basse de la rue — on dit « monter en ville » — à l'angle d'une ruelle empierrée rejoignant la rue de la République. D'où la possibilité d'emprunter celle-ci ou la rue du Clos-des-Parts pour aller à l'école privée, dans le centre, car elles sont parallèles. Tout les oppose. La rue de la République, large, goudronnée, bordée de trottoirs d'un bout à l'autre, est fréquentée par les voitures et les cars en direction de la côte et des plages, à vingt-cinq kilomètres. Dans sa partie haute, il y a des villas imposantes dont on ne connaît pas les occupants, même pas « de vue ». La présence d'un garage Citroën, de quelques maisons accolées donnant directement sur la rue, d'un réparateur de cycles dans la partie basse, ne lui enlève pas son caractère noble. Avant d'arriver au pont, sur la droite, en contre-bas de la ligne S.N.C.F., deux immenses bassins, l'un rempli d'une eau noire, l'autre d'une eau verte à cause des mousses à la surface, un étroit passage de terre entre les deux. C'est la mare du chemin de fer, le lieu de mort d'Y., des femmes viennent s'y noyer de l'autre bout de la ville. Comme on ne la voit pas depuis la rue de la République dont elle est séparée par un talus surmonté d'une haie dense, c'est comme si elle n'en faisait pas partie.

La rue du Clos-des-Parts est étroite, irrégulière, sans trottoirs, avec des descentes brusques et des tournants marqués, animée d'un faible trafic, surtout des ouvriers à vélo qui la prennent le soir pour rejoindre la route du Havre. Dans l'après-midi, elle a le silence et les bruits distants de la campagne. Quelques villas d'entrepreneurs qui ont leur atelier à côté, beaucoup de vieilles maisons de plain-pied, accolées, d'employés et d'ouvriers. La rue du Clos-des-Parts dessert par quatre chemins sinueux, inaccessibles aux voitures, le vaste quartier du Champ-de-Courses qui s'étend jusqu'au terrain hippique, dominé par la masse de l'hospice. C'est un quartier ombreux de haies et de jardins devant des vieilles maisons où vivent plus « d'économiquement faibles », de familles nombreuses et de vieux qu'ailleurs. De la rue de la République aux sentiers du Champ-de-Courses, en moins de trois cents mètres, on passe de l'opulence à la pauvreté, de l'urbanité à la ruralité, de l'espace au resserrement. Des gens protégés, dont on ignore tout, à ceux dont on sait ce qu'ils touchent comme allocations, ce qu'ils mangent et boivent, à quelle heure ils se couchent.

(Décrire pour la première fois, sans autre règle que la précision, des rues que je n'ai jamais pensées mais seulement parcourues durant mon enfance, c'est rendre lisible la hiérarchie sociale qu'elles contenaient. Sensation, presque, de sacrilège : remplacer la topographie douce des souvenirs, toute en impressions, couleurs, images (la villa Edelin ! la glycine bleue ! les buissons de mûres du Champ-de-Courses !), par une autre aux lignes dures qui la désenchante, mais dont l'évidente vérité n'est pas discutable par la mémoire elle-même : en 52, il me suffisait de regarder les hautes façades derrière une pelouse et des allées de gravier pour savoir que leurs occupants *n'étaient pas comme nous.*)

51

Chez nous désigne encore :

1) le quartier
2) inextricablement, la maison et le commerce de mes parents.

L'épicerie-mercerie-café est logée dans un corps de vieilles maisons basses à colombage jaune et brun, flanqué aux deux bouts d'une construction plus récente en brique, avec un étage, sur un terrain qui va de la rue de la République à la rue du Clos-des-Parts. Nous habitons la partie ouvrant sur cette rue, ainsi qu'un vieux jardinier qui a le droit de passer dans notre cour. L'épicerie, avec une chambre au-dessus, la seule, occupe la partie neuve en brique. La porte d'entrée et une devanture donnent sur la rue du Clos-des-Parts, une seconde devanture regarde la cour où il faut pénétrer pour accéder au café, dans la partie paysanne. Quatre pièces se suivent, à partir de l'épicerie : la cuisine, la salle de café, la cave, une remise appelée la « pièce du fond », communiquant entre elles et ouvrant sur la cour (sauf la cuisine, encastrée entre l'épicerie et le café). Aucune pièce du rez-de-chaussée n'a d'usage privé, même la cuisine qui sert souvent de passage aux clients entre l'épicerie et le café. L'absence de porte entre le café et la cuisine permet à mes parents de rester en communication avec les clients et à ceux-ci de profiter de la radio. De la cuisine, un escalier mène en tournant à une petite pièce mansardée desservant la chambre à gauche et le grenier à droite. Dans cette pièce est installé le seau de chambre qui sert habituellement à ma mère et moi, à mon père la nuit seulement (le jour, il utilise comme les clients l'urinoir situé dans la cour, un tonneau entouré de planches). Le cabinet dans le jardin est pratiqué par nous l'été et toute l'année par les clients. Sauf quand il fait beau, que je peux m'installer au-dehors, je lis et fais mes devoirs dans le haut de l'escalier, éclairé par une ampoule. De là, je vois tout à travers les barreaux, sans être vue.

La cour forme une sorte de voie large, en terre battue, entre la maison et des bâtiments utiles au commerce. Derrière ceux-ci, un hangar avec des clapiers, une buanderie, le cabinet, un enclos avec un poulailler, un petit espace herbeux.

(C'est ici que je suis, un soir de fin mai ou début juin, avant la scène. J'ai fini mes devoirs, il y a une grande douceur partout. J'éprouve un sentiment d'avenir. Le même que j'ai en chantant à pleine voix dans la chambre *Mexico* et *Voyage à Cuba*, celui que donne tout l'inconnu de la vie devant soi.)

Quand nous revenons d'en ville, que nous commençons d'apercevoir l'épicerie en légère avancée sur la rue, ma mère dit : *On arrive au château.* (Fierté autant que dérision.)

Le commerce est ouvert toute l'année de sept heures du matin à neuf heures du soir sans interruption, sauf le dimanche après-midi où l'épicerie reste fermée jusqu'au soir, le café rouvrant à six heures. Les allées et venues des clients, leur mode de vie et leur travail commandent notre emploi du temps, tant du côté café (masculin) que du côté alimentation (féminin). Un peu de silence l'après-midi, dans la rumeur continuelle du jour. Ma mère en profite alors pour faire son lit, une prière, coudre un bouton, mon père part s'occuper d'un grand jardin de légumes qu'il loue près de chez nous.

Presque toute la clientèle de mes parents provient des parties basses des rues du Clos-des-Parts et de la République, du quartier du Champ-de-Courses et d'une zone semi-rurale, semi-industrielle, qui s'étend au-delà de la ligne de chemin de fer. En fait partie le quartier de la Corderie, du nom d'une usine où mes parents ont travaillé quand ils étaient jeunes, remplacée depuis la guerre par un atelier de confection et une fabrique de cages à oiseaux. Une seule rue, parallèle à la voie de chemin de fer en surplomb, débouchant après les usines sur une plaine où s'empilent des centaines de plateaux de bois destinés à la fabrication des cages. C'est le quartier familial : ma mère y a vécu de l'adolescence au mariage, l'un de ses frères, deux sœurs et sa mère y habitent toujours. La maison où vit ma grand-mère avec l'une de mes tantes et son mari est l'ancienne cantine, aussi vestiaire, de la corderie : un baraquement de cinq petites pièces, surélevé, dont le sol bouge et résonne fortement, sans électricité. Au 1er de l'an, toute la famille se réunit dans la pièce où vit ma grand-mère, les adultes autour de la table à boire et chanter, les enfants sur le lit contre le mur. Dans les dimanches de ma petite enfance, ma mère m'emmenait embrasser ma grand-mère, puis nous allions chez mon oncle Joseph, où je jouais avec mes cousines à la balançoire géante sur les plateaux de bois, ou à regarder passer les trains vers Le Havre en agitant la main, ou à *traiter les garçons* qu'on rencontrait. Il me semble que nous n'y allions plus que de loin en loin en 52.

Descendre du centre-ville au quartier du Clos-des-Parts, puis de la Corderie, c'est encore glisser d'un espace où l'on parle bien français à celui où l'on parle mal, c'est-à-dire dans un français mélangé à du patois dans des proportions variables selon l'âge, le métier, le désir de s'élever. Presque pur chez les vieilles personnes, comme ma grand-mère, le patois se limite à des expressions et à l'intonation de voix chez les filles employées de bureau. Tout le monde s'accorde à trouver laid et vieux le patois, même ceux qui l'emploient beaucoup, et qui se justifient ainsi, « on sait bien ce qu'il faut dire mais ça va plus vite comme ça ». Parler bien suppose un effort, chercher un autre mot à la place de celui qui vient spontanément, emprunter une voix plus légère, précautionneuse, comme si l'on manipulait des objets délicats. La plupart des adultes ne considèrent pas comme nécessaire de « parler français », seulement bon pour les jeunes. Mon père dit souvent « j'avions » ou

« j'étions », lorsque je le reprends, il prononce « nous avions » avec affectation, en détachant les syllabes, ajoutant sur son ton habituel, « si tu veux », signifiant par cette concession le peu d'importance qu'a le beau parler pour lui.

En 52, j'écris en « bon français » mais je dis sans doute « d'où que tu reviens » et « je me débarbouille » pour « je me lave » comme mes parents, puisque nous vivons dans le même usage du monde. Celui que définissent les gestes pour s'asseoir, rire, se saisir des objets, les mots qui prescrivent ce qu'il faut faire de son corps et des choses. Toutes les façons de :

ne pas perdre la nourriture et en jouir le plus : préparer des petits cubes de pain, à côté de l'assiette, pour saucer — prendre la purée trop chaude sur les bords ou souffler dessus pour la refroidir — pencher l'assiette afin que la cuiller attrape la soupe jusqu'au fond, ou la saisir à deux mains et aspirer — boire pour enfoncer les bouchées être propre sans *user trop d'eau* : utiliser une seule cuvette pour la figure, les dents et les mains, les jambes en été parce qu'elles se salissent — porter des vêtements qui *gardent leur sale*

tuer et préparer les bêtes qu'on mange avec des gestes très sûrs : un coup de poing derrière les oreilles du lapin, des ciseaux ouverts enfoncés dans la gorge du poulet maintenu entre les jambes, un coup de serpe tranchant la tête du canard sur le billot

signifier son dédain silencieusement : hausser les épaules, se tourner et se taper le cul d'une claque vigoureuse.

Les gestes quotidiens qui distinguent les femmes et les hommes :

approcher le fer à repasser près de la joue pour en vérifier la chaleur, se mettre à quatre pattes pour frotter le sol ou jambes écartées en cueillant le manger à lapins, sentir ses bas et sa culotte le soir

cracher dans ses mains avant de saisir la

pelle, coincer une cigarette en attente derrière l'oreille, s'asseoir à califourchon sur la chaise, claquer son couteau et le ranger dans la poche.

Les formules de politesse, *au plaisir !* *Assoyez-vous, vous ne paierez pas plus cher.*

Les phrases qui unissent mystérieusement le corps à l'avenir, au reste du monde, *fais un vœu tu as un cil sur la joue, j'ai l'oreille gauche qui siffle on dit du bien de moi,* et naturellement à la nature, *mon cor me fait mal, il va pleuvoir.*

Les menaces affectueuses ou sévères aux enfants, *je vais te couper les oreilles — descends de d'là, tu vas prendre une calotte.*

Les railleries qui écartent les manifestations de tendresse, *porte ta jeunesse la mienne se passe, les caresses de chien ça donne des puces,* etc.

À cause de la couleur de poussière des démolitions et des reconstructions d'après guerre, des films et des livres de classe en noir et blanc, des canadiennes et des par-dessus foncés, je vois le monde de 52 uniformément gris, comme les anciens pays de l'Est. Mais il y avait des roses, des clématites et des glycines débordant des grillages du quartier, des robes bleues imprimées de rouge comme celle de ma mère. Les murs du café étaient tapissés d'un papier à fleurs roses. Il y a du soleil le dimanche de la scène. C'est seulement un monde rituel et silencieux, dont les bruits isolés, liés à des gestes ou des activités connues de tous, disent l'heure, la saison : l'angélus de l'hospice sonnant le lever et le coucher des vieux, la sirène de l'usine textile, les voitures le jour du marché, les aboiements des chiens et le tapement sourd de la bêche sur la terre au printemps.

La semaine s'égrène en « jours de » définis par des usages collectifs et familiaux, des émissions de radio. Lundi, jour mort, des restes et du pain de la veille, du *Crochet radiophonique* sur Radio-Luxembourg. Mardi, de la lessive et de *Reine d'un jour*, mercredi, du marché et de l'affiche du prochain film au cinéma Leroy, *Quitte ou double*. Jeudi, congé, parution de *Lisette*. Vendredi, du poisson, samedi, du ménage en grand et du lavage de tête. Dimanche, jour de la messe, rite majeur ordonnançant les autres, le change du linge de corps, l'étrenne d'une nouvelle toilette, les gâteaux du pâtissier et « le petit extra », les obligations et les plaisirs.

Tous les soirs de la semaine, à sept heures vingt, *La famille Duraton*.

Et le temps de la vie s'échelonne en « âge de », faire sa communion et recevoir une montre, avoir la première permanente pour les filles, le premier costume pour les garçons

avoir ses règles et le droit de porter des bas

l'âge de boire du vin aux repas de famille, d'avoir droit à une cigarette, de rester quand se racontent des histoires lestes

de travailler et d'aller au bal, de « fréquenter »

de faire son régiment
de voir des films légers
l'âge de se marier et d'avoir des enfants
de s'habiller avec du noir
de ne plus travailler
de mourir.

Ici rien ne se pense, tout s'accomplit.

Les gens n'arrêtent pas de se souvenir. « Avant la guerre » et « pendant la guerre » ouvrent continuellement leurs propos. Il n'y a pas de réunion de famille et d'amis sans évocation de la Débâcle, de l'Occupation et des bombardements, chacun participant à la reconstitution de l'épopée, décrivant sa scène de panique ou d'horreur, rappelant le froid de l'hiver 42, le rutabaga, les alertes, mimant le bruit des V2 dans le ciel. L'Exode suscite les récits les plus lyriques, traditionnellement conclus par « à la prochaine guerre, je reste chez moi » ou « il ne faudrait jamais revoir ça ». Des disputes éclatent au café entre les gazés de la guerre de 14 et les prisonniers de 39-45, traités de planqués.

Pourtant on ne cesse d'invoquer le *progrès* comme une force inéluctable à laquelle on ne peut ni ne doit résister, dont les signes se multiplient, le plastique, les bas nylon, le stylo à bille, la Vespa, le potage en sachet et l'instruction pour tous.

Je vivais à douze ans dans les codes et les règles de ce monde, sans pouvoir en soupçonner d'autres.

Corriger et dresser les enfants, réputés malfaisants par nature, était le devoir des bons parents. De la « calotte » à la « correction » tous les coups étaient autorisés. Cela n'impliquait ni dureté, ni méchanceté, à condition de s'efforcer de gâter l'enfant par ailleurs et de ne pas dépasser la mesure. Souvent un parent terminait le récit de la faute d'un enfant et de son châtiment par un « je l'aurais laissé sur place ! » plein d'orgueil : d'avoir à la fois infligé une juste correction et résisté à l'excès fatal de colère qu'aurait pourtant mérité tant de malfaisance. C'est par peur de me laisser sur place que mon père refusait toujours de lever la main sur moi, et même de me gronder, laissant ce rôle à ma mère. *Souillon ! Déplaisante ! La vie te dressera !*

Tout le monde surveillait tout le monde. Il fallait absolument connaître la vie des autres — pour la raconter — et murer la sienne — pour qu'elle ne le soit pas. Difficile stratégie entre « tirer les vers du nez » de quelqu'un mais en retour ne pas se les laisser tirer, juste « dire ce qu'on veut bien laisser perdre ». La distraction favorite des gens était de se voir les uns les autres. On faisait la sortie des cinémas, les arrivées de trains, le soir, à la gare. Que des gens se rassemblent paraissait une justification suffisante pour se joindre à eux. La retraite aux flambeaux, le passage de la course cycliste donnaient l'occasion de jouir autant de la vue des personnes qui s'y trouvaient que du spectacle, de rentrer en disant qui était là aussi et avec qui. On observait les comportements, on démontait les conduites jusqu'aux plus petits ressorts cachés, on rassemblait des signes dont l'accumulation et l'interprétation construisaient l'histoire des autres. Roman collectif, chacun apportant sa contribution, par un fragment de récit, un détail, au sens général, qui, selon les personnes réunies dans le magasin ou à la table, pouvait se résumer à « c'est une bonne personne » ou « elle ne vaut pas cher ».

Les conversations classaient les faits et gestes des gens, leur conduite, dans les catégories du bien et du mal, du permis, même conseillé, ou de l'inadmissible. Une réprobation absolue frappait les divorcés, les communistes, les concubins, les filles mères, les femmes qui boivent, qui avortent, qui ont été tondues à la Libération, qui ne tiennent pas leur maison, etc.

Une plus modérée, les filles enceintes avant leur mariage et les hommes qui *s'amusent au café* (mais *s'amuser* restait le privilège des enfants et des jeunes gens), la conduite masculine en général. On louait le courage au travail, capable sinon de racheter une conduite du moins de la rendre tolérable, *il boit mais il n'est pas feignant.* La santé était une qualité, *elle n'a pas de santé,* une accusation autant qu'une marque de compassion. La maladie, de toute façon, confusément entachée de faute, comme un manque de vigilance de l'individu face au destin. D'une façon générale, on accordait difficilement aux autres le droit d'être pleinement et légitimement malades, toujours soupçonnés de *s'écouter.*

Dans les récits, l'atrocité surgissait de façon naturelle, voire nécessaire, comme pour mettre en garde contre un malheur dont il était pourtant douteux de pouvoir se prémunir, maladie ou accident. Fixant par un détail une image dont il serait impossible de se débarrasser. « Elle s'est assise sur deux vipères », « il a un os qui pourrit dans la tête ». Presque toujours insistant sur l'horreur survenant au lieu du plaisir escompté, des enfants jouaient tranquillement avec un objet brillant, c'était un obus, etc.

S'émouvoir facilement, être *impressionnable*, provoquait des réactions de surprise et de curiosité. Il valait mieux annoncer, *ça ne m'a rien fait*.

On évaluait les personnes en fonction de leur sociabilité. Il fallait être simple, franc et poli. Les enfants « en dessous », les ouvriers « mauvais coucheurs » contrevenaient à la règle de l'échange correct de paroles avec les autres. Il était mal vu de rechercher la solitude, sous peine de passer pour un « ours ». Vouloir vivre seul — mépris pour les vieux garçons et les vieilles filles —, ne parler à personne était ressenti comme un refus d'accomplir quelque chose relevant de la dignité humaine : *ils vivent comme des sauvages !*

C'était aussi montrer ouvertement qu'on ne s'intéressait pas à ce qui est le plus intéressant, la vie des autres. Donc, *manquer d'usages*. Mais fréquenter des voisins, des amis, de manière trop assidue, « être toujours pendu » chez tel ou telle, était tout aussi répréhensible : une absence de fierté.

La politesse était la valeur dominante, le principe premier du jugement social. Elle consistait, par exemple, à :

rendre, un repas, un cadeau — observer strictement les préséances d'âge dans les vœux du Nouvel An —, ne pas *déranger* les gens, en allant chez eux sans prévenir, en les questionnant directement, ne pas leur *faire affront*, en n'acceptant pas une invitation, le biscuit tendu, etc. La politesse permettait *d'être bien* avec les gens et de ne pas donner prise aux commentaires : ne pas regarder à l'intérieur des maisons quand on passe dans la cour commune signifiait non qu'on ne voulait pas voir mais ne pas être vu en train de chercher à voir. Les salutations dans la rue, le bonjour donné ou refusé, la façon avec laquelle ce rite était ou non accompli — distance ou jovialité, en s'arrêtant pour serrer la main, dire un petit mot ou en passant son chemin — étaient l'objet d'une attention pointilleuse, de supputations *il ne m'aura pas vu, il devait être pressé.* On ne pouvait pardonner à ceux qui niaient l'existence des autres en ne *regardant personne.*

Barrière de protection, la politesse était inutile entre mari et femme, parents et enfants, ressentie même comme de l'hypocrisie ou de la méchanceté. La rudesse, la hargne et la criaillerie constituaient les formes normales de la communication familiale.

Être comme tout le monde était la visée générale, l'idéal à atteindre. L'originalité passait pour de l'excentricité, voire le signe qu'*on en a un grain.* Tous les chiens du quartier s'appelaient Miquet ou Boby.

Dans le café-épicerie, nous vivons au milieu du monde, comme nous nommons la clientèle. Celle-ci nous voit manger, aller à la messe, à l'école, nous entend nous laver dans un coin de cuisine, pisser dans le seau. Exposition continuelle qui oblige à offrir une conduite respectable (ne pas s'injurier, dire des gros mots, du mal d'autrui), à ne manifester aucune émotion, colère ou chagrin, à dissimuler tout ce qui pourrait être objet d'envie, de curiosité, ou *rapporté*. Nous savons beaucoup de choses sur les clients, leurs ressources et leur façon de vivre mais il est convenu qu'ils ne doivent rien savoir sur nous, ou le moins possible. Donc, « devant le monde », interdiction de dire combien on a acheté une paire de chaussures, de se plaindre de mal au ventre ou d'énumérer les bonnes notes de l'école — habitude de jeter un torchon sur le gâteau du pâtissier, de glisser sous la table la bouteille de vin quand arrive un client.

D'attendre qu'il n'y ait personne pour se disputer. Sinon, *qu'est-ce qu'on pensera de nous ?*

Parmi les articles du code de la perfection commerçante qui me concernent :

dire bonjour à voix haute et claire à chaque fois que j'entre ou passe dans le magasin ou le café

saluer la première les clients partout où je les croise

ne pas répéter les histoires que je sais sur eux, ne pas dire du mal d'eux ni des autres commerçants

ne jamais révéler le montant de la recette du jour

ne pas me *croire, faire de l'étalage.*

Le coût du moindre manquement à ces règles m'est bien connu, *tu vas nous faire perdre des clients,* avec comme conséquence *faire faillite.*

La mise à nu des règles du monde de mes douze ans me rend fugitivement l'insaisissable pesanteur, impression de clôture, que je ressens dans les rêves. Les mots que je retrouve sont opaques, des pierres impossibles à bouger. Dépourvus d'image précise. Dépourvus de sens même, celui que pourrait me fournir un dictionnaire. Sans transcendance ni rêve autour : comme de la matière. Des mots d'usage indissolublement unis aux choses et aux gens de mon enfance, que je ne peux pas faire jouer. Des tables de la loi.

(Les mots qui m'ont fait rêver en 52, *La reine de Golconde*, *Boulevard du crépuscule*, *ice-cream*, *pampa* n'auront jamais aucun poids, ils ont gardé leur légèreté et leur exotisme d'autrefois, quand ils ne renvoyaient qu'à des choses inconnues. Et tant d'adjectifs dont les romans féminins raffolaient, un air *altier*, un ton *maussade*, *rogue*, *hautain*, *sarcastique*, *acerbe*, dont je ne soupçonnais pas qu'aucune personne réelle, de mon entourage, puisse être qualifiée. Il me semble que je cherche toujours à écrire dans cette langue matérielle d'alors et non avec des mots et une syntaxe qui ne me sont pas venus, qui ne me seraient pas venus alors. Je ne connaîtrai jamais l'enchantement des métaphores, la jubilation du style.)

Il n'y avait presque pas de mots pour exprimer les sentiments. *Je me suis trouvé dupe* pour la désillusion, *j'étais mauvaise* pour le mécontentement. *Ça m'a fait deuil* se disait du regret de laisser du gâteau dans l'assiette et de la tristesse de perdre un fiancé. Et *gagner malheur*. La langue du sentiment était celle des chansons de Luis Mariano et de Tino Rossi, des romans de Delly, des feuilletons du *Petit Écho de la mode* et de *La Vie en fleurs*.

Je reconstruirai maintenant l'univers de l'école privée catholique, où je passais le plus de temps et qui dominait sans doute le plus ma vie, en unissant et confondant indissolublement deux impératifs et deux idéaux, la religion et le savoir.

J'étais la seule de la famille à aller dans une école privée, mes cousins et cousines habitant Y. étaient à l'école publique, comme les filles du quartier, à l'exception de deux ou trois, plus âgées.

La grande bâtisse de brique rouge foncé du pensionnat occupait tout un côté d'une rue silencieuse et sombre du centre d'Y. En face, les façades aveugles d'entrepôts

75

qui devaient appartenir aux P.T.T. Aucune fenêtre au rez-de-chaussée, quelques ouvertures rondes haut situées pour le jour et deux portes toujours closes. L'une pour l'entrée et la sortie des élèves, ouvrant sur un préau fermé et chauffé, d'où l'on accédait à la chapelle. L'autre, éloignée de la première, interdite aux élèves, où l'on devait sonner pour être introduit par une religieuse dans un petit hall, devant le bureau de la directrice et le parloir. Au premier étage, des fenêtres correspondant aux classes et à un couloir. Les fenêtres du second étage et les lucarnes des combles au-dessus étaient masquées par des rideaux blancs opaques. Les dortoirs se trouvaient là. Il était interdit de regarder depuis n'importe quelle fenêtre dans la rue.

À la différence de l'école publique, plus décentrée, où on voyait jouer les élèves dans une immense cour, derrière les grilles, rien du pensionnat n'était visible du dehors. Il y avait deux cours de récréation. L'une, pavée, sans soleil, assombrie par la frondaison d'un arbre élevé, était livrée aux élèves peu nombreuses de la section dite « école libre », composée des orphelines d'un établissement situé à côté de la mairie et des filles dont les parents n'avaient pas les moyens d'acquitter la facture d'externat. Une seule maîtresse leur faisait classe, du cours élémentaire à la sixième, où elles entraient rarement, allant directement à l'« enseignement ménager ». L'autre cour, vaste et ensoleillée, attribuée aux élèves payantes du pensionnat proprement dit — filles de commerçants, d'artisans et de cultivateurs —, s'étendait devant toute la longueur du réfectoire et du préau qu'on traversait pour se rendre dans les classes au premier étage. Elle était limitée d'un côté par la chapelle aux vitres grillagées et de l'autre par un mur — où s'accotaient de part et d'autre des waters sales — qui la séparait de l'école libre. Au fond de la cour, parallèle à la bâtisse du pensionnat, une allée de tilleuls touffus, sous lesquels les petites jouaient à la marelle et les grandes révisaient leurs examens. Derrière l'allée, un jardin de légumes et d'arbustes fruitiers dont on ne voyait pas le bout — un mur haut — sauf en hiver. Les deux cours communiquaient par une ouverture sans porte dans le mur des waters. La vingtaine d'élèves de l'école libre et les cent cinquante à deux cents du pensionnat ne se voyaient qu'aux fêtes et à la communion solennelle, elles ne se parlaient pas. Les filles du pensionnat reconnaissaient celles de l'école libre à leurs vêtements, qui étaient parfois les leurs, mais usagés, abandonnés par leurs parents à ces nécessiteuses.

Les seuls hommes qui avaient le droit de pénétrer ordinairement et de circuler dans l'école privée étaient les prêtres et le jardinier, cantonné dans les caves ou dans le jardin. Les travaux réclamant la présence d'ouvriers avaient lieu pendant les vacances d'été. La directrice et plus de la moitié des enseignantes étaient des religieuses habillées en civil de vêtements noirs, marine ou bruns

et qui se faisaient appeler « mademoiselle ».
Les autres, des célibataires parfois élégantes,
appartenaient à la bourgeoisie commerçante,
notable, de la ville.

Parmi les règles à observer strictement :

se mettre en rang devant le préau à la
première cloche, tirée à tour de rôle par une
maîtresse, monter dans les classes en silence
à la seconde cloche cinq minutes plus tard

ne pas poser la main sur la rampe de
l'escalier

se lever quand une maîtresse, un prêtre
ou la directrice, entre dans la classe, rester
debout jusqu'à son départ, sauf de sa part
un geste d'invitation à s'asseoir, se précipi-
ter pour lui ouvrir la porte et la refermer
derrière

chaque fois qu'on s'adresse aux maîtresses ou qu'on passe devant elles, baisser
la tête et les yeux, le haut du corps, de la
même manière qu'à l'église devant le saint
sacrement

interdiction à toute externe et, dans la journée, à toute interne, de monter au dortoir. C'est le lieu du pensionnat le plus interdit. Je n'y suis jamais allée de toute ma scolarité

sauf dérogation sur certificat médical, interdiction d'aller aux waters en dehors des récréations. (L'après-midi de la rentrée de Pâques en 52, j'ai eu envie d'y aller dès le début de la classe. Je me suis retenue, en sueur, au bord de l'évanouissement, jusqu'à la récréation, dans la terreur de chier dans ma culotte.)

L'enseignement et la religion ne sont séparés ni dans l'espace ni dans le temps. Tout, sauf la cour de récréation et les cabinets, est lieu de prière. La chapelle évidemment, la salle de classe, avec le crucifix sur le mur, au-dessus du bureau de la maîtresse, le réfectoire et le jardin, où, au mois de mai, on récite le chapelet devant une statue de la Vierge élevée sur un socle, au fond d'une grotte de feuillage imitant celle de Lourdes.

Les prières ouvrent et ferment toutes les activités scolaires. On les dit debout derrière le banc, tête baissée, doigts croisés, avec, au début et à la fin, un signe de croix [1]. Les plus longues inaugurent la classe du matin et celle de l'après-midi. À huit heures trente, *Notre Père qui êtes aux cieux*, *Je vous salue Marie*, *Je crois en Dieu Tout-Puissant*, *Je confesse à Dieu*, *Actes de foi*, *d'espérance*, *de charité*, *de contrition*, parfois *Souvenez-vous ô très pieuse Vierge Marie*. À treize heures trente, *Notre Père* et dix *Je vous salue Marie*. De plus brèves, souvent remplacées par un cantique aux rentrées de récréation, aux sorties du matin et du soir. Les internes ont droit au double de prières, du lever au coucher.

La prière est l'acte essentiel de la vie, le remède individuel et universel. Il faut prier pour devenir meilleur, éloigner la tenta-

---

1. Qu'on effectue en portant la main droite à la tête, puis à la poitrine, à l'épaule gauche et à l'épaule droite, de préférence avec la croix du chapelet qu'on baise à la fin.

tion, réussir en calcul, guérir les malades et convertir les pécheurs. Chaque matin, depuis la classe enfantine, se poursuit le commentaire du même livre, le catéchisme. L'instruction religieuse figure en tête des matières sur le carnet de notes. Le matin, on offre la journée à Dieu et toutes les activités sont tournées vers lui. Le but de la vie est d'être toujours en « état de grâce ».

Le samedi matin, une grande élève vient ramasser dans toutes les classes les billets de confession (un papier sur lequel on inscrit son nom et sa classe). L'après-midi s'instaure une chaîne bien réglée : la fille qui vient de se confesser à l'aumônier dans la sacristie reçoit de celui-ci un billet avec le nom de la fille qu'il désire voir et entendre. Elle le porte dans la classe indiquée, dit le nom à voix haute, la fille se lève et se rend à son tour à la chapelle, ainsi de suite. Le respect des pratiques religieuses, confession, communion, paraît l'emporter sur le savoir : « On peut avoir 10 partout et ne pas être agréable à Dieu. » À la fin de chaque trimestre, l'archiprêtre de l'église, accompagné de la directrice, donne les places et les tableaux d'honneur, remettant aux meilleures élèves une grande image pieuse, une petite aux autres. Il signe et date l'image au dos.

Le temps scolaire est inscrit dans un autre temps, celui du missel et de l'évangile, qui détermine la nature du thème de l'instruction religieuse quotidienne précédant la dictée : temps de l'Avent, de Noël — une crèche avec des statuettes est installée dans la classe près de la fenêtre, jusqu'à la Chandeleur — temps du Carême, divisé en dimanches de septuagésime, sexagésime, etc., temps de Pâques, de l'Ascension, de la Pentecôte. D'année en année, chaque jour, l'école privée nous fait revivre la même histoire et nous entretient dans la familiarité de personnages invisibles et omniprésents, ni morts ni vivants, les anges, la Sainte Vierge, l'Enfant Jésus, dont nous connaissons mieux la vie que celle de nos grands-parents.

(Je ne peux énoncer et décrire les règles de cet univers qu'au présent, comme si elles continuaient d'être aussi immuables qu'elles l'étaient pour moi à douze ans. Univers dont, au fur et à mesure que je le remonte, la cohérence et la puissance me paraissent effrayantes. Pourtant je devais y vivre avec tranquillité, n'en désirant pas d'autre. Car ses lois étaient invisibles dans l'odeur douce de nourriture et de cire flottant dans les escaliers, dans la rumeur des récréations, le silence traversé par les gammes d'une leçon particulière de piano.

Et je dois admettre ceci : rien ne pourra faire que, jusqu'à l'adolescence, la croyance en Dieu n'ait été pour moi la seule normalité et la religion catholique la seule vérité. Je peux lire *L'Être et le Néant*, trouver drôle que Jean-Paul II soit dénommé le « travelo polonais » dans *Charlie Hebdo*, je ne peux empêcher qu'en 52 je croyais vivre en état de péché mortel depuis ma première communion, parce que j'avais, du bout de la langue, délité l'hostie qui s'était collée au palais, avant de parvenir à l'avaler. J'étais sûre d'avoir détruit et profané ce qui était alors pour moi le corps de Dieu. La religion était la forme de mon existence. Croire et l'obligation de croire ne se distinguaient pas.)

Nous sommes dans le monde de la vérité et de la perfection, de la lumière. L'autre est celui où l'on ne va pas à la messe, où l'on ne prie pas, le monde de l'erreur, dont le nom n'est prononcé qu'en de rares occasions, de façon claquante, comme un blasphème : l'école laïque. (« Laïc » était pour moi sans signification précise, synonyme vague de « mauvais ».) Tout est fait pour que notre monde se démarque de l'autre. On ne dit pas la « cantine » mais le « réfectoire », ni le « portemanteau » mais la « patère ». « Camarades » et « maîtresse » sentent le laïc, il convient de dire « mes compagnes » et « mademoiselle », appeler la directrice « ma chère sœur ». Aucune enseignante ne tutoie ses élèves et l'on dit « vous » dans la classe enfantine aux petites de cinq ans.

L'abondance de fêtes distingue l'école privée de l'autre. Tout au long de l'année, la préparation de nombreux spectacles occupe une part importante du temps scolaire : à Noël, une grande représentation sous le préau pour les élèves, reconduite deux dimanches en janvier pour les parents — en avril, la fête des Anciennes, au cinéma-théâtre de la ville, avec plusieurs séances pour les parents les soirs suivants — en juin la fête de la Jeunesse des écoles chrétiennes, à Rouen.

La plus réputée des festivités est la kermesse paroissiale, début juillet, précédée d'un défilé dans les rues de la ville de toutes les élèves costumées sur un thème. Avec ses filles-fleurs, ses écuyères et ses dames du temps jadis, sautantes et chantantes, l'école privée déploie ses séductions devant la foule rassemblée sur les trottoirs, démontre son imagination et sa supériorité sur l'école publique qui a défilé en austère tunique de gymnastique, la semaine d'avant jusqu'au champ de courses. La fête assure le triomphe de l'école privée.

Sa préparation rend licite tout ce qui est habituellement défendu : sortir dans la ville pour acheter du tissu ou distribuer des invitations dans les boîtes aux lettres, quitter la classe au milieu du cours pour aller répéter son rôle. Alors qu'il est interdit de venir à l'école en pantalon sans jupe par-dessus, sur scène les petites en tutu exhibent leurs cuisses nues et leur culotte, les grandes, leur poitrine décolletée et les poils de leurs aisselles. Le sexe masculin flotte sous la forme troublante des filles travesties en garçons qui baisent les mains et font des déclarations d'amour.

À la fête de Noël 51, je suis une « fille de La Rochelle ». Avec deux ou trois autres, j'ai chanté face au public, sans bouger, un bateau dans les bras. J'aurais dû être l'un des « trois jeunes tambours revenant de guerre » mais la religieuse des répétitions m'a renvoyée parce que je ne savais pas marcher en mesure. En avril 52, à la fête des Anciennes, j'ai fait une porteuse d'offrandes à une jeune morte, dans un tableau grec. J'avais le corps incliné, reposant sur une jambe tendue en avant, les mains ouvertes. Souvenir d'un supplice, de la hantise de m'écrouler sur scène. Deux rôles de figuration statique, sans doute à cause de ce manque de grâce dont témoignent les photos.

Tout ce qui renforce ce monde est encouragé, tout ce qui le menace est dénoncé et vilipendé. Il est bien vu :

d'aller à la chapelle aux récréations

de faire sa communion privée dès sept ans et non d'attendre la communion solennelle comme les filles de l'école sans Dieu

de rejoindre les « Croisées », une association ayant pour mission de convertir le monde et qui représente le plus haut degré dans la perfection religieuse d'avoir toujours un chapelet dans la poche

d'acheter *Âmes vaillantes*

de posséder le Missel vespéral romain de Dom Lefebvre

de dire qu'on fait « la prière du soir en famille » et qu'on veut devenir religieuse.

Il est mal vu :

d'apporter en classe des livres et des journaux autres que des ouvrages religieux et *Âmes vaillantes*. La lecture est source de suspicion, en raison de l'existence des « mauvais livres » qui, d'après la crainte et les mises en garde qu'ils suscitent, la mention qui en est faite dans l'examen de conscience avant la confession, doivent être redoutables et en plus grand nombre que les bons. Ceux qui sont distribués le jour des prix et fournis par le libraire catholique de la ville n'ont pas pour destination d'être lus mais d'être montrés. Ils édifient donc au premier regard. *La Bible racontée aux enfants, Le général de Lattre de*

Tassigny, Hélène Boucher, parmi les titres
dont je me souviens.

de fréquenter des filles de l'école laïque
d'aller au cinéma en dehors des séances
scolaires (*Jeanne d'Arc, Monsieur Vincent, Le
curé d'Ars*). Sur la porte de l'église est affi-
chée la cote de l'Office catholique, qui
classe les films selon leur degré de dange-
rosité. N'importe quelle fille vue à la sortie
d'un film « à proscrire » aurait été menacée
de renvoi sur-le-champ.

Il est impensable de lire des romans-pho-
tos et d'aller au bal public de la salle aux
Poteaux, le dimanche après-midi.

Mais jamais le sentiment d'un ordre coer-
citif. L'emprise de la loi s'exerce de façon
douce, *familiale*, par exemple, le sourire
approbateur de la « demoiselle » qu'on
croise sur le trottoir et qu'on salue avec
déférence.

Dans les rues du centre-ville, une vigilance générale des parents d'élèves — tôt

ou tard, tout de la tenue et des fréquentations des élèves est *rapporté* — préserve l'excellence de l'école privée et sa fonction de sélection. Dire « ma petite fille va au pensionnat » — et non simplement « à l'école » — permet de faire sentir toute la différence entre le mélange au tout-venant et l'appartenance à un milieu unique, particulier, entre la seule soumission à l'obligation scolaire et le choix précoce d'une ambition sociale.

Naturellement il était convenu qu'il n'y avait ni riches ni pauvres au pensionnat, seulement une grande famille catholique

(Associer pour toujours le mot *privé* au manque et à la peur, la fermeture. Même dans *vie privée*. Écrire est une chose publique.)

Dans ce monde de l'excellence, on me reconnaît comme excellente et je profite de la liberté et des privilèges que confère la première place dans l'ordre scolaire. Répondre avant les autres, être choisie pour expliquer la solution du problème, pour lire parce que je mets le ton, m'assure un bien-être général dans la classe. Je ne suis ni appliquée ni très studieuse, rendant des devoirs sans soin que j'ai toujours hâte de finir avant de commencer. Bruyante et bavarde, j'ai cette jouissance de jouer à la mauvaise élève dissipée sans l'être, tout en m'évitant d'être tenue à distance par les autres à cause de mes bonnes notes.

En 51-52, je suis en septième — cours moyen deuxième année de l'école primaire publique — chez Mlle L., dont la réputation de terreur est connue bien avant de l'avoir comme maîtresse. En huitième, à travers la cloison, nous l'avons entendue constamment vociférer et cingler les bureaux de sa règle. Aux sorties du midi et du soir, sans doute à cause de sa voix puissante, elle sert d'aboyeuse à la porte d'entrée, hurlant les noms des petits de la classe enfantine assis sur les bancs du préau, que leurs parents attendent dans la rue. Elle est petite — au début de l'année, je suis déjà plus grande qu'elle —, plate et agitée, d'âge indéfinissable, avec un chignon gris, une face ronde et des verres grossissants qui lui font des yeux énormes. Comme toutes les religieuses en civil, elle porte sur sa blouse en hiver une pèlerine à rayures bleues et noires. Pendant les leçons où il n'est pas besoin d'écrire, elle nous force à nous tenir les bras croisés derrière le dos, la tête et les yeux droits. Elle nous menace sans cesse de nous faire redescendre dans la classe au-dessous, nous retient après la fin des cours tant qu'on n'a pas trouvé la solution d'un problème. Seules les histoires de Dieu, des martyrs et des saints la radoucissent, jusqu'aux larmes. Le reste, orthographe, histoire, calcul, est dispensé sans amour, avec rigueur et violence, doit être appris dans la douleur en vue de la réussite à l'examen diocésain, organisé par l'épiscopat, qui fait pendant à celui d'entrée en sixième de l'école publique. Les parents la craignent et louent une dureté qui s'exerce dans la plus parfaite équité. Les élèves tirent orgueil de dire qu'elles sont dans la classe de la maîtresse la plus terrible de l'établissement, comme d'un martyre supporté sans broncher. Cela n'empêche pas qu'on use avec elle de tous les moyens habituels d'esquive de l'autorité, parler derrière la main ou le pupitre relevé, écrire un mot sur la gomme qu'on passe, etc. À ses cris et ses exigences la classe répond de temps en temps par une vague d'inertie, venue des plus lentes à suivre, qui finit par atteindre les plus avides de lui faire plaisir. Elle se met à pleurer à son bureau en refusant de faire cours et nous devons lui demander pardon une par une.

La question ne se pose pas de savoir si j'aimais ou non Mlle L. Je ne connaissais personne de plus instruit qu'elle dans mon entourage. Ce n'était pas une femme comme les clientes de ma mère ou mes tantes, mais la figure vivante de la loi susceptible de me garantir à chaque leçon sue, chaque zéro faute, l'excellence de mon être scolaire. C'est à elle que je me mesure, plus qu'aux autres élèves : savoir à la fin de l'année tout ce qu'elle sait (lié à cette croyance, longtemps, que chaque enseignant n'en savait pas plus que ce qu'il nous apprenait — d'où aussi l'immense respect, la peur, inspirés par les profs des « grandes classes » et la condescendance vis-à-vis de ceux qu'on avait quittés, donc dépassés). Quand elle m'interdit de répondre pour donner le temps aux autres de trouver ou qu'elle me fait expliquer une analyse logique, elle me situe de son côté. Je prends son acharnement à traquer mes imperfections scolaires comme une manière de me faire accéder à sa propre perfection. Un jour elle m'a reproché la forme de mes « m », dont je recourbe le premier jambage vers l'intérieur à la façon d'une trompe d'éléphant, ricanant « *cela fait vicieux* ». J'ai rougi sans rien dire. Je savais ce qu'elle voulait me signifier, et elle savait que je le savais : « Vous dessinez le *m* comme un sexe d'homme. »

Pendant l'éte, je lui ai envoyé une carte postale de Lourdes.

(En déployant l'univers scolaire de cette année-là, le sentiment d'étrangeté que j'éprouve devant la photo de communiante diminue. Le visage sérieux, le regard droit, le petit sourire, moins triste sans doute que supérieur, perdent leur opacité. Le « texte » éclaire la photo, qui en est aussi l'illustration. Je vois la bonne petite élève du pensionnat, dotée de pouvoir et de certitudes dans un univers qui est pour elle la vérité, le progrès, la perfection et dont elle n'imagine pas qu'elle pourrait démériter.)

(J'ai réussi à « revoir » la classe depuis la place où je me trouvais depuis la fin décembre environ : au premier rang à gauche — par rapport au bureau de Mlle L. — seule à un pupitre pour deux accolé à un autre identique, occupé par Brigitte D. au front bombé sous une masse de cheveux noirs ondulés. Retournée, de biais, je vois la classe : des zones claires, où s'agitent des silhouettes en blouses différentes mais impossibles à définir, des visages dont je pourrais citer de nombreux détails, le type de coiffure, les lèvres (gercées, de Françoise H., molles, de Rolande C.), le teint (taches de rousseur de Denise R.) mais sans pouvoir me représenter la totalité. J'entends leurs voix, quelques phrases, souvent incongrues, par lesquelles elles se sont fixées pour moi : « Est-ce que tu sais parler javanais ? » demande Simone D. Des zones sombres, où toute identification est impossible parce que j'ai perdu les noms.)

Il y avait pour moi d'autres classements que celui du carnet de notes, ceux qui, à vivre dans un groupe, s'élaborent au fil des jours et se traduisent par « j'aime », « je n'aime pas » telle fille. D'abord la séparation entre « crâneuses » et « pas crâneuses », entre « celles qui se croient », parce qu'elles sont choisies pour danser aux fêtes, vont en vacances à la mer — et les autres. Être crâneuse est un trait physique et social, détenu par les plus jeunes et les plus mignonnes qui habitent le centre-ville, ont des parents représentants ou commerçants. Dans la catégorie des pas crâneuses figurent les filles de cultivateurs, internes, ou demi-pensionnaires venant à vélo de la campagne avoisinante, plus âgées, souvent redoublantes. Ce dont elles pourraient se vanter, leurs terres, leurs tracteurs et leurs commis, n'a, comme toutes les choses de la campagne, aucun effet sur personne. Tout ce qui ressortit à la « cambrousse » est méprisé. Injure : « Tu te crois dans une ferme ! »

Un classement encore, obsédant, celui qui d'octobre à juin hiérarchise de manière visible les corps jusque-là uniformément enfantins. Il y a les petites, aux cuisses menues sous des jupes courtes, avec des barrettes et des rubans dans les cheveux, et les grandes du fond de la classe, souvent les plus âgées. J'épie leur avance physique et vestimentaire, le corsage qui gonfle, les bas pour sortir le dimanche. J'essaie de deviner la présence d'une serviette hygiénique sous la robe. Ce sont elles dont je recherche la compagnie pour apprendre les choses sexuelles. Dans un monde où ni parents ni maîtresses ne peuvent même pas évoquer ce qui est un péché mortel, où il faut rester constamment aux aguets des conversations d'adultes pour happer une bribe du secret, il n'y a que les plus grandes pour servir de passeuses. Leur corps est déjà lui-même une source muette de savoir. Qui m'a dit, « si tu étais pensionnaire, je te montrerais au dortoir ma serviette pleine de sang ».

L'allure jeune fille de la photo de Biarritz est un leurre. Dans la classe de Mlle L. je compte parmi les grandes en taille mais j'ai la poitrine plate et aucun signe de formation. Cette année-là, je suis gagnée par l'impatience d'avoir mes règles. Devant une fille que je vois pour la première fois, je me demande si elle les a. Je me sens inférieure de ne pas les avoir. Dans la classe de septième, l'inégalité des corps est sans doute celle à laquelle je suis le plus sensible.

Je cherchais à me vieillir. Sans l'interdiction de ma mère et la condamnation de l'école privée, pour aller à la messe j'aurais porté des bas et des talons hauts, mis du rouge à lèvres à onze ans et demi. Je n'avais droit qu'à la permanente pour faire jeune fille. Au printemps 52, ma mère m'a accordé pour la première fois deux robes à plis couchés moulant les hanches et des chaussures à talons compensés de quelques centimètres. Elle m'a refusé la ceinture noire, large, élastique, se fermant par deux crochets métalliques qui a fait ressortir la taille et les fesses de toutes les jeunes filles et femmes de cet été-là. Souvenir de l'envie lancinante de cette ceinture qui m'a manqué tout l'été.

(Quand j'inventorie rapidement 52, à côté des images, je me souviens de *Ma p'tite folie, Mexico*, la ceinture élastique noire, la robe de crêpe bleue à fleurs rouges et jaunes de ma mère, une trousse à ongles en plastique noir, comme si le temps ne se comptait qu'en objets. Les vêtements, les publicités, les chansons et les films qui surgissent et disparaissent dans une année, une saison même, précise, apportent un peu de certitude dans la chronologie des désirs et des sentiments. La ceinture élastique noire date de manière sûre un éveil au désir de plaire aux hommes dont je ne vois pas trace avant, et la chanson *Voyage à Cuba* le rêve d'amour et de pays lointain·

Proust écrit à peu près ceci que notre mémoire est hors de nous, dans un souffle pluvieux du temps, l'odeur de la première flambée de l'automne, etc. Des choses de la nature qui rassurent, par leur retour, sur la permanence de la personne. À moi — et peut-être à tous ceux de mon époque — dont les souvenirs sont attachés à un tube d'été, une ceinture en vogue, à des choses vouées à la disparition, la mémoire n'apporte aucune preuve de ma permanence ou de mon identité. Elle me fait sentir et me confirme ma fragmentation et mon historicité.)

Au-dessus de la classe, comme un univers inaccessible, il y avait les vraies « grandes » appelées ainsi par l'institution pour désigner les élèves de la sixième à la philo. Les plus grandes des grandes changeaient de salle entre les cours et on les voyait passer dans les couloirs avec des serviettes bourrées. Leurs salles étaient silencieuses, elles ne jouaient pas, discutant par petits groupes, adossées au mur de la chapelle ou sous les tilleuls. Il me semble que nous les observions sans cesse et qu'elles ne nous regardaient jamais. Elles étaient l'image qui nous tirait vers le haut de l'école et de la vie. À cause de leur corps de jeune fille, de leurs connaissances surtout, dont la proclamation des prix laisse entrevoir, de l'algèbre au latin, l'étendue et le mystère, j'étais persuadée qu'elles ne pouvaient que nous mépriser. Pénétrer dans une classe de troisième pour porter un billet de confession me remplissait de terreur. Je sentais tous les regards se tourner vers mon être ridicule d'élève de septième, osant perturber le déroulement majestueux du savoir. Une fois ressortie je m'étonnais qu'une clameur assourdissante de rires et de sifflets ne m'ait pas accueillie. Je ne soupçonnais pas que, parmi les grandes, certaines avaient du mal à suivre, doublaient ou triplaient leur troisième. L'aurais-je su que cela n'aurait pas ébranlé ma certitude de leur supériorité : même celles-là en savaient beaucoup plus que moi.

Cette année-là, j'essayais de voir, avant la rentrée de l'après-midi, une grande de cinquième, la cherchant du regard au milieu de son rang. Elle était menue, la taille fine, des cheveux noirs mi-longs et frisés qui lui cachaient le front et les oreilles, un visage plein et laiteux, doux. Je l'avais peut-être remarquée parce qu'elle portait les mêmes bottillons de cuir rouge à fermeture éclair que moi, alors que la mode était aux snow-boots de caoutchouc noir. La supposition qu'elle puisse me remarquer et me parler ne m'a jamais effleurée. J'avais du plaisir à la regarder, ses cheveux, ses mollets ronds et nus, à saisir ses paroles. La seule chose que j'aie voulue, c'est savoir son nom et son prénom, la rue où elle habitait : Françoise Renout ou Renault, route du Havre.

Il me semble que je n'étais amie avec personne à l'école privée. Je n'allais chez aucune fille et aucune ne venait chez moi. Mais on ne se fréquentait pas en dehors de l'école, sauf à emprunter un itinéraire commun. Il n'y avait que des amitiés de trajet. Je faisais une partie du mien avec Monique B., une fille de cultivateur des environs, qui déposait sa bicyclette le matin chez une vieille tante — avec qui elle déjeunait le midi — et la reprenait le soir. Aussi grande et aussi peu développée que moi, elle avait des grosses joues et des grosses lèvres, au bord desquelles la nourriture laissait souvent des traces. Elle travaillait dans l'anxiété pour des résultats médiocres. Quand je passais la prendre à une heure chez sa tante, nous nous racontions d'abord ce que nous venions de manger.

Étant la seule de la famille et du voisinage à aller à l'école privée, en dehors de la classe je n'avais de complicité scolaire avec personne.

(Souvenir d'un jeu pratiqué les matins de congé, où je reste au lit jusqu'à midi. Au dos, vierge, de cartes postales anciennes dont une vieille dame m'a donné un gros paquet, j'écris le nom et le prénom d'une fille. Pas d'adresse, seulement le nom d'une ville qui est celle que représente la carte postale. Pas de texte dans la partie correspondance. Les noms et prénoms me sont fournis par *Lisette*, *Le Petit Écho de la mode*, *Les Veillées des chaumières* et je m'impose la contrainte de les utiliser selon leur ordre d'apparition dans le journal. Je barre des noms pour en rajouter d'autres et continuer le jeu. Un plaisir sans fin (quelque chose du désir sexuel) à inventer des dizaines de destinataires. Parfois, très rarement, je m'adresse une carte, vide elle aussi.)

On dit de moi, *l'école est tout pour elle.*

Ma mère est le relais de la loi religieuse et des prescriptions de cette école. Elle va à la messe plusieurs fois par semaine, aux vêpres en hiver, au salut, au sermon du carême, au chemin de croix du vendredi saint. Depuis sa jeunesse, les processions et autres festivités religieuses représentent pour elle des occasions honnêtes de sortir et de se montrer bien habillée dans une compagnie de bon aloi. Elle m'y a associée très tôt (souvenir d'une longue marche pour aller chercher la statue de Notre-Dame de Boulogne sur la route du Havre) et me fait miroiter le plaisir d'une procession ou d'une visite à Notre-Dame-de-Bon-secours comme celui d'une promenade en forêt. Quand elle n'a pas de clients, l'après-midi, elle monte s'agenouiller au pied de son lit, devant le crucifix accroché au-dessus. Dans la chambre que je partage avec mes parents il y a, encadrées, une grande photographie de sainte Thérèse de Lisieux, une reproduction de la Sainte Face et une gravure du Sacré-Cœur, sur la cheminée deux statues de la Vierge, l'une en albâtre, l'autre couverte d'une peinture spéciale orangée la rendant lumineuse dans la nuit. Le soir, d'un lit à l'autre, ma mère et moi récitons, en alternant, les mêmes prières que le matin à l'école. On ne mange jamais de viande, bifteck ou charcuterie, le vendredi. Le pèlerinage d'une journée à Lisieux en car — messe et communion au carmel, visite de la basilique et des Buissonnets, maison natale de la sainte — est la grande et seule sortie de l'été tous ensemble.

Ma mère est allée seule à Lourdes avec le pèlerinage diocésain, au sortir de la guerre, en action de grâces à la Vierge pour nous avoir protégés lors des bombardements.

Pour ma mère, la religion fait partie de tout ce qui est *élevé*, le savoir, la culture, la bonne éducation. L'élévation, faute d'instruction, commence par la fréquentation de la messe, l'écoute du sermon, c'est une façon de *s'ouvrir l'esprit*. Elle se démarque donc des préceptes et de la visée de l'école privée, enfreignant par exemple ses interdictions en matière de lecture (elle achète et lit une grande quantité de romans et de journaux, qu'elle me passe), refusant ses injonctions au sacrifice et à la soumission, nuisibles à la réussite. Elle redoute l'embrigadement du patronage et des Croisées, un excès d'instruction religieuse empiétant sur le calcul et l'orthographe. La religion doit rester un adjuvant de l'instruction, non s'y substituer. Que je me fasse religieuse lui déplairait, ruinant ses espérances.

La conversion du monde ne l'intéresse pas ou lui semble inopportune chez une commerçante — tout juste une remarque souriante aux filles du quartier qui ne vont plus à la messe. La religion de ma mère, façonnée par son histoire d'ouvrière d'usine, adaptée à sa personnalité violente et ambitieuse, à son métier, est :
une pratique individualiste, un moyen de

mettre tous les atouts de son côté pour garantir la vie matérielle

un signe d'élection qui la distingue du reste de la famille et de la plupart des clientes du quartier

une revendication sociale, montrer aux bourgeoises dédaigneuses du centre-ville qu'une ancienne ouvrière, par sa piété — et sa générosité à l'église —, vaut mieux qu'elles

le cadre d'un désir généralisé de perfection, d'accomplissement de soi, dont mon avenir fait partie.

(Il me semble impossible d'épuiser la signification et le rôle de la religion dans la vie de ma mère. Pour moi, en 52, ma mère *était* la religion. Elle corrigeait la loi de l'école privée dans un sens plus contraignant. L'un de ses préceptes les plus répétés : *prendre exemple* (sur la politesse ou la gentillesse, l'application, de telle ou telle) mais *ne pas copier* (les défauts de telle autre). Surtout, *montre-toi un exemple* (de politesse, travail, bonne tenue, etc.). Et *qu'est-ce qu'on pensera de toi ?*)

Les journaux et les romans qu'elle me donne à lire, en plus de la *Bibliothèque verte*, ne vont pas à l'encontre des préceptes de l'école privée. Ils obéissent tous à la condition sans laquelle il n'est pas de lecture autorisée, *pouvoir être mis entre toutes les mains* donc *Les Veillées des chaumières, Le Petit Écho de la mode,* les romans de Delly et de Max du Veuzit. Sur la couverture de certains livres figure le label *Ouvrage couronné par l'Académie française,* attestant leur conformité aux exigences de la morale autant et sinon plus que leur intérêt littéraire. Dans l'année de mes douze ans, je possède déjà les premiers volumes de la collection des *Brigitte* de Berthe Bernage, qui en comporte une quinzaine. Ils relatent sous la forme d'un journal l'existence de Brigitte, fiancée, mariée, mère et grand-mère. À la fin de l'adolescence, j'aurai la collection complète. L'auteur écrit dans la préface de *Brigitte jeune fille* :

Brigitte hésite et se trompe mais elle rentre toujours dans le droit chemin (...) parce que l'histoire prétend rester vraie. Or une âme de bonne race, une âme affinée, fortifiée par de beaux exemples, les sages enseignements, la saine hérédité — et par la discipline chrétienne —, cette âme-là peut subir la tentation de « faire comme les autres » et de sacrifier le devoir au plaisir, cette âme-là choisira finalement le devoir quoi qu'il en coûte (...) la vraie femme de France est encore et toujours une femme qui aime son foyer, son pays. Et qui prie.

Brigitte réalise le modèle de la vraie jeune fille, modeste, méprisant les biens matériels, dans un monde où l'on a un salon, un piano, où l'on va au tennis, à des expositions, des thés, au bois de Boulogne. Où les parents ne se disputent jamais. Le livre enseigne, en même temps que l'excellence des règles morales chré-

tiennes, l'excellence du mode de vie bour-
geois [1].

(Ce genre d'histoires me paraissait plus
réel que les livres de Dickens parce qu'elles
traçaient les lignes d'un destin probable,
amour-mariage-enfants. Est-ce que le réel
est alors le possible ?

Au moment où je lisais *Brigitte jeune fille*
et *Esclave ou reine* de Delly, que j'allais voir
Pas si bête avec Bourvil, sortaient en librai-
rie *Saint Genet* de Sartre, *Requiem* des inno-
cents de Calaferte, au théâtre *Les chaises* de
Ionesco. Les deux séries restent à jamais
séparées pour moi.)

Mon père ne lit que le quotidien régio-
nal et la religion ne tient aucune place dans
ses propos, sauf sous forme de remarques
irritées à l'égard de ma mère « tu es tou-

1. En 2050, la consultation des magazines *Vingt
ans, Elle*, etc., et des nombreux romans par lesquels
la société propose une morale pratique provoquera
évidemment le même sentiment d'étrangeté que
celle des *Brigitte*.

jours pendue à l'église », « qu'est-ce que tu peux bien raconter au curé », ou de plaisanteries sur le célibat des prêtres auxquelles elle ne répond jamais, comme s'il s'agissait d'insanités indignes d'être relevées. Il assiste à une moitié de messe dominicale, debout au fond de l'église pour être plus vite sorti et il recule jusqu'au dimanche de Quasimodo — dernière limite avant de tomber dans l'infraction du péché mortel — le moment de « faire ses Pâques » (se confesser et communier), comme une corvée. Ma mère n'exige rien d'autre que ce strict minimum destiné à lui assurer son salut. Le soir, il ne participe pas aux prières, faisant celui qui dort déjà. Dépourvu des signes d'une véritable religion, donc du désir de *s'élever*, mon père *ne fait pas la loi*.

Mais comme pour ma mère, l'école privée est sa référence suprême : « Qu'est-ce qu'on dirait au pensionnat, si on voyait ce que tu fais, comment tu parles, etc. »

Et : *il ne faut pas que tu sois mal vue à l'école*.

J'ai mis au jour les codes et les règles des cercles où j'étais enfermée. J'ai répertorié les langages qui me traversaient et constituaient ma perception de moi-même et du monde. Nulle part il n'y avait de place pour la scène du dimanche de juin.

Cela ne pouvait se dire à personne, dans aucun des deux mondes qui étaient les miens.

Nous avons cessé d'appartenir à la catégorie des gens corrects, qui ne boivent pas, ne se battent pas, s'habillent proprement pour aller en ville. Je pouvais bien avoir une blouse neuve à chaque rentrée, un beau missel, être la première partout et réciter mes prières, je ne ressemblais plus aux autres filles de la classe. J'avais vu ce qu'il ne fallait pas voir. Je savais ce que, dans l'innocence sociale de l'école privée, je n'aurais pas dû savoir et qui me situait de façon indicible dans le camp de ceux dont la violence, l'alcoolisme ou le dérangement mental alimentaient les récits conclus par « c'est tout de même malheureux de voir ça ».

Je suis devenue indigne de l'école privée, de son excellence et de sa perfection. Je suis entrée dans la honte.

Le pire dans la honte, c'est qu'on croit être seul à la ressentir.

J'ai passé l'examen diocésain dans la stupeur et obtenu seulement la mention « bien », à l'étonnement et la déception de Mlle L. C'était le mercredi suivant, 18 juin.

Le dimanche d'après, le 22 juin, j'ai participé comme l'année d'avant à la fête de la Jeunesse des écoles chrétiennes, à Rouen. Le car a ramené les élèves tard dans la nuit. Mlle L. s'est chargée de la reconduite des filles dans un secteur comprenant mon quartier. Il était environ une heure du matin. J'ai frappé contre le volet de la porte de l'épicerie. Après un temps assez long, l'électricité s'est allumée dans le magasin, ma mère est apparue dans la lumière de la porte, hirsute, muette de sommeil, dans une chemise de nuit froissée et tachée (on s'essuyait avec, après avoir uriné). Mlle L. et les élèves, deux ou trois, se sont arrêtées de parler. Ma mère a bredouillé un bonsoir auquel personne n'a répondu. Je me suis engouffrée dans l'épicerie pour faire cesser la scène. Je venais de voir pour la première fois ma mère avec le regard de l'école privée. Dans mon souvenir, cette scène, qui n'a aucune commune mesure avec celle où mon père a voulu tuer ma mère, m'en paraît le prolongement. Comme si à travers l'exposition du corps sans gaine, relâché, et de la chemise douteuse de ma mère, c'est notre vraie nature et notre façon de vivre qui étaient révélées.

(Naturellement, il ne m'est pas venu que si ma mère avait possédé une robe de chambre, qu'elle aurait enfilée sur sa chemise, les filles et la maîtresse de l'école privée n'auraient pas été saisies de stupéfaction et je n'aurais aucun souvenir de ce soir-là. Mais la robe de chambre ou le peignoir étaient considérés dans notre milieu comme des accessoires de luxe, incongrus, voire risibles pour des femmes s'habillant aussitôt levées pour travailler. Dans le système de pensée qui était le mien, où la robe de chambre n'existait pas, il était impossible d'échapper à la honte.)

Il me semble que tout ce qui a suivi pendant l'été est confirmation de notre indignité : « il n'y a que nous » qui sommes ainsi.

Ma grand-mère est morte d'une embolie début juillet. Cela ne m'a rien fait. Une dizaine de jours après, une violente dispute a éclaté dans le quartier de la Corderie entre l'un de mes cousins, jeune marié, et sa tante, la sœur de ma mère qui vivait dans la maison de ma grand-mère. Dans la rue, sous les regards des voisins et les encouragements de mon oncle Joseph, son père, assis sur le talus, mon cousin a roué de coups sa tante. Elle a surgi en sang et couverte de bleus dans l'épicerie. Ma mère l'a accompagnée à la gendarmerie et chez le médecin. (L'affaire sera jugée au tribunal quelques mois après.)

J'ai traîné un rhume mêlé de toux durant tout le mois. À un moment, mon oreille droite s'est brutalement bouchée. On n'avait pas l'habitude d'appeler le médecin pour un rhume en été. Je n'entendais plus ma voix et celles des autres me parvenaient à travers un brouillard. J'évitais de parler. Je me croyais condamnée à vivre ainsi.

Encore en juillet, autour des faits de la rue de la Corderie. Après la fermeture du café, un soir, à table, je me suis plainte à plusieurs reprises que les branches de mes lunettes étaient de travers. Alors que je les manipulais, ma mère les a saisies et jetées de toutes ses forces, en criant, sur le sol de la cuisine. Les verres ont été pulvérisés. Impossible de me rappeler autre chose qu'une clameur, celle des reproches croisés de mes parents et de mes sanglots. Aussi la sensation d'un désastre qui doit suivre son cours, quelque chose comme « nous sommes vraiment dans la folie maintenant ».

Il y a ceci dans la honte : l'impression que tout maintenant peut vous arriver, qu'il n'y aura jamais d'arrêt, qu'à la honte il faut plus de honte encore.

Quelque temps après la mort de ma grand-mère et les coups reçus par ma tante, je suis allée avec ma mère à Étretat en car, pour l'habituelle journée d'été au bord de la mer. Elle est partie et revenue habillée en deuil, enfilant seulement sur la plage sa robe bleue à fleurs rouges et jaunes, « pour éviter les commentaires des gens d'Y. ». Une photo qu'elle avait prise de moi, perdue ou volontairement déchirée il y a une vingtaine d'années, me montrait dans l'eau jusqu'aux genoux, avec en fond l'Aiguille et la porte d'Aval. Je me tenais droite, les bras collés le long du corps, essayant de rentrer mon ventre et de faire ressortir ma poitrine absente, boudinée dans un maillot de bain en laine tricotée.

Au cours de l'hiver, ma mère nous avait inscrits, mon père et moi, à un voyage organisé par la compagnie d'autocars de la ville. Il était prévu de descendre vers Lourdes en visitant des lieux touristiques, Rocamadour, le gouffre de Padirac, etc., d'y rester trois ou quatre jours et de remonter vers la Normandie par un itinéraire différent de celui de l'aller, Biarritz, Bordeaux, les châteaux de la Loire. C'était au tour de mon père et moi d'aller à Lourdes. Le matin du départ, dans la deuxième quinzaine d'août — il faisait encore nuit —, nous avons attendu très longtemps sur le trottoir de la rue de la République le car qui venait d'une petite ville côtière, où il devait embarquer des participants au voyage. On a roulé toute la journée en s'arrêtant le matin dans un café, à Dreux, le midi dans un restaurant au bord du Loiret, à Olivet. Il s'est mis à pleuvoir sans discontinuer et je ne voyais plus rien du paysage à travers la vitre. Je m'étais éraflé le doigt avec un sucre que je voulais rompre pour en donner la moitié à un chien, dans le café de Dreux, et il commençait à s'infecter. Au fur et à mesure que nous descendions vers le sud, le dépaysement m'envahissait. Il me semblait que je ne reverrais plus ma mère. En dehors d'un fabricant de biscottes et sa femme, nous ne connaissions personne. Nous sommes arri-

ves de nuit à Limoges, à l'hôtel Moderne
Au dîner, nous avons été seuls à une table,
au milieu de la salle à manger. Nous
n'osions pas parler à cause des serveurs.
Nous étions intimidés, dans une vague
appréhension de tout.

Dès le premier jour, les gens ont conservé
la place qu'ils occupaient au départ et ils
n'en ont jamais changé jusqu'à la fin du
voyage (d'où la facilité de me les rappeler).
Au premier rang droit, devant nous, deux
jeunes filles d'une famille de bijoutiers d'Y.
Derrière nous, une veuve, propriétaire ter-
rienne, avec sa fille de treize ans, pensionnaire d'une institution religieuse de Rouen.
Au rang suivant, une retraitée des postes,
veuve, également de Rouen. Plus loin, une
institutrice laïque, célibataire, obèse, en
manteau marron et sandalettes. Au premier
rang gauche, le fabricant de biscottes et son
épouse, puis un couple de marchands de
tissus-nouveautés, de la petite ville côtière,
les jeunes femmes des deux chauffeurs de
car, trois couples de cultivateurs. C'était la

première fois que nous étions amenés à fréquenter de près, pendant dix jours, des gens inconnus qui étaient tous, à l'exception des chauffeurs de car, mieux que nous.

Les jours suivants, j'ai moins souffert d'être loin de chez nous. J'ai pris plaisir à découvrir les montagnes et une chaleur insoupçonnable en Normandie, à manger midi et soir au restaurant, à dormir dans des hôtels. Pouvoir me laver dans un lavabo, avec de l'eau chaude et froide, était pour moi le luxe. Je trouvais — comme je le ferai tant que je vivrai chez mes parents et, peut-être, critère d'appartenance au monde d'en bas — que c'était « plus beau à l'hôtel que chez nous ». À chaque étape, j'étais avide de voir la nouvelle chambre. J'y serais restée des heures, sans rien faire, juste être là.

Mon père continuait de manifester de la défiance à l'égard de tout. Durant le trajet, il regardait la route, souvent escarpée, et se montrait plus attentif à la conduite du chauffeur qu'au paysage. Le changement continuel de lit le dérangeait. La nourriture lui importait beaucoup et il se montrait circonspect vis-à-vis de ce qu'on nous servait dans l'assiette, que nous ne connaissions pas, jugeant avec sévérité la qualité des produits ordinaires, comme le pain et les pommes de terre, qu'il cultivait dans son jardin. Dans les visites d'églises et de châteaux, il restait à la traîne, paraissant s'acquitter d'une corvée pour me faire plaisir. Il n'était pas dans son élément, c'est-à-dire dans une activité et en compagnie de gens correspondant à ses goûts et à ses habitudes.

Son contentement a commencé lorsqu'il a sympathisé avec la retraitée des postes ainsi que le fabricant de biscottes et le marchand de nouveautés, plus causants par nécessité professionnelle que les autres membres du groupe et qui avaient avec lui des intérêts communs, impôts, etc., par-delà des différences visibles — eux avaient les mains blanches. Tous plus âgés que mon père, comme lui ils n'étaient pas venus

pour se fatiguer à marcher sous le soleil.
Ils restaient donc longtemps à table. Les
conversations portaient sur la sécheresse
des pays traversés, le nombre de mois sans
pleuvoir, l'accent du Midi, de tout ce qui
était différent de chez nous, et du crime de
Lurs.

J'avais cru naturel de rechercher la compagnie de la fille de treize ans, Élisabeth,
puisque nous n'avions qu'un an de différence et qu'elle allait aussi dans une école
religieuse, même si elle était déjà en cinquième. Nous étions de la même taille mais
elle avait le corsage gonflé et déjà l'air
d'une jeune fille. Le premier jour, j'avais
remarqué avec plaisir que nous portions
toutes les deux une jupe plissée marine
avec une veste, la sienne rouge et la mienne
orange. Elle n'a pas répondu à mes avances,
se contentant de me sourire quand je lui
parlais, de la même façon que sa mère, dont
la bouche s'ouvrait sur plusieurs dents en
or et qui n'adressait jamais la parole à mon

père. Un jour, j'ai mis la jupe et le chemisier de mon costume de gymnastique, qu'il fallait user une fois la fête de la Jeunesse passée. Elle l'a remarqué : « Tu es allée à la fête de la Jeunesse ? » J'ai été fière de dire oui, prenant sa phrase accompagnée d'un grand sourire pour une marque de connivence entre nous deux. Ensuite, à cause de l'intonation bizarre, j'ai senti que cela signifiait, « tu n'as rien d'autre à te mettre que tu t'habilles en gymnastique ».

Une fois j'ai saisi ces mots proférés par une femme du groupe, « plus tard, ce sera une beauté ». Après j'ai compris qu'elle ne parlait pas de moi mais d'Élisabeth.

Il était hors de question de parler aux jeunes filles de la bijouterie. Je n'étais nulle part encore au milieu des corps féminins du voyage, seulement une enfant dans la croissance, grande, plate et robuste.

Arrivée à Lourdes, j'ai été prise d'un mal étrange. Je voyais les maisons, les montagnes, tout le paysage, défiler constamment. Quand j'étais assise à la table du restaurant de l'hôtel, en face de moi le mur de la rue « passait » sans fin devant mes yeux. Seuls les endroits fermés ne bougeaient pas. Je n'ai rien dit à mon père, je pensais que c'était la folie et que j'allais rester ainsi. Chaque matin, en me levant, je me demandais si le paysage s'était enfin arrêté. Il me semble qu'à Biarritz j'étais redevenue normale.

Mon père et moi nous nous sommes acquittés des exercices de dévotion prévus par ma mère. La procession aux flambeaux, la grand-messe en plein air, debout sous le soleil — je manque m'évanouir et une femme me prête son pliant —, la prière à la grotte miraculeuse. Il m'est impossible de dire si j'ai trouvé beaux ces lieux que l'école religieuse et ma mère évoquaient avec extase. Je n'ai éprouvé aucune émotion à être là. Souvenir d'un vague ennui, une matinée grise le long du Gave.

En compagnie du groupe, nous avons visité le château fort, les grottes de Bétharam et une reconstitution du paysage à l'époque de Bernadette Soubirous sur une immense toile dans une sorte de cirque, le Panorama. Nous avons été les seuls, avec la retraitée des postes, à ne pas aller au cirque de Gavarnie ou au pont d'Espagne. Ces excursions n'étaient pas comprises dans le prix et mon père n'avait sans doute pas emporté assez d'argent. (À la terrasse d'un café, à Biarritz, son effarement quand on lui annonce le prix des cognacs qu'il vient de consommer avec les deux autres commerçants.)

Nous n'avions eu aucune représentation réelle de ce voyage. Il y avait beaucoup d'usages que nous ne connaissions pas.

Les jeunes filles de la bijouterie avaient un guide touristique qu'elles tenaient à la main en descendant du car pour visiter un monument. Elles sortaient de leur sac de plage du chocolat et des gâteaux secs. À l'exception d'une bouteille d'alcool de menthe avec des sucres, en cas de malaise, nous n'avions rien emporté à manger, pensant que cela ne se faisait pas.

J'avais une seule paire de chaussures, blanche, celle achetée pour la cérémonie du renouvellement, qui s'est trouvée salie rapidement. Ma mère ne m'avait pas donné de produit pour la blanchir. L'idée d'en acheter ne nous est pas venue, comme si c'était impossible dans une ville inconnue, où il aurait fallu chercher un magasin. Un soir, à Lourdes, voyant les chaussures alignées devant les portes des chambres, j'ai déposé les miennes. Je les ai retrouvées le lendemain aussi sales que la veille et mon père s'est moqué de moi : « Je te l'avais bien dit. Il faut payer pour ça. » Ce n'était pas une chose concevable pour nous.

Nous n'avons acheté que des médailles, des cartes postales pour les envoyer à ma mère, la famille, des connaissances. Aucun journal, sauf un jour *Le Canard enchaîné*. Les

quotidiens des régions traversées ne donnaient pas de nouvelles de la nôtre.

À Biarritz, je n'avais pas de maillot de
bain ni de short. Nous marchons sur la
plage avec nos habits et nos chaussures au
milieu des corps bronzés en bikini.

Biarritz encore, à la terrasse d'un grand
café, mon père se lance dans une histoire
un peu salace de curé que je lui ai déjà
entendu raconter chez nous. Les autres ont
un rire forcé.

Trois images, sur l'itinéraire du retour.

À une halte sur un plateau de terre ocre
et d'herbes roussies, peut-être en Auvergne,
je viens de déféquer loin du groupe, installé dans une buvette. Pensée alors que
j'avais déposé quelque chose de moi dans un
endroit où je ne reviendrais peut-être
jamais. Tout à l'heure, demain, je serais loin,
je reprendrais l'école et il y aurait pendant
des jours, jusqu'à l'hiver, cette chose de moi
abandonnée sur ce plateau désertique.

Dans les escaliers du château de Blois. Mon père, qui a pris froid, tousse sans pouvoir s'arrêter. On n'entend que sa toux qui résonne sous les voûtes, couvrant les commentaires du guide. Il se laisse distancer par le groupe qui est parvenu en haut de l'escalier. Je me retourne et je l'attends, peut-être à contrecœur.

Un soir, le dernier du voyage, à Tours, nous avons dîné dans un restaurant tapissé de glaces, brillamment éclairé, fréquenté par une clientèle élégante. Mon père et moi étions assis au bout de la table commune du groupe. Les serveurs négligeaient celle-ci, on attendait longtemps entre les plats. À une petite table près de nous, il y avait une fille de quatorze ou quinze ans, en robe décolletée, bronzée, avec un homme assez âgé, qui semblait être son père. Ils parlaient et riaient, avec aisance et liberté, sans se soucier des autres. Elle dégustait une sorte de lait épais dans un pot en verre

— quelques années après, j'ai appris que c'était du yoghourt, encore inconnu chez nous. Je me suis vue dans la glace en face, pâle, l'air triste avec mes lunettes, silencieuse à côté de mon père, qui regardait dans le vague. Je voyais tout ce qui me séparait de cette fille mais je ne savais pas comment j'aurais pu faire pour lui ressembler.

Mon père s'est plaint ensuite avec une violence inhabituelle de ce restaurant où l'on nous avait donné à manger de la purée faite avec « de la pomme de terre à cochons », blanche et sans goût. Plusieurs semaines après, il manifestait encore une hargne profonde vis-à-vis de ce dîner, avec la « patate à cochons ». Façon de dire sans dire — c'est peut-être là que j'ai commencé d'apprendre à la déchiffrer — toute l'offense subie, avoir été traité avec mépris parce que nous ne faisions pas partie de la clientèle chic « à la carte ».

(Après chacune des images de cet été, ma tendance naturelle serait d'écrire « alors j'ai découvert que » ou « je me suis aperçue de » mais ces mots supposent une conscience claire des situations vécues. Il y a eu seulement la sensation de honte qui les a fixées hors de toute signification. Mais rien ne peut faire que je n'aie éprouvé cela, cette lourdeur, cette néantisation. Elle est la dernière vérité.

C'est elle qui unit la fille de 52 à la femme en train d'écrire.

En dehors de Bordeaux, Tours et Limoges, je n'ai jamais revu aucun des lieux visités pendant ce voyage.

L'image du restaurant de Tours est la plus nette. En écrivant un livre sur la vie et la culture de mon père, elle me revenait sans cesse comme la preuve de l'existence de deux mondes et de notre appartenance irréfutable à celui du dessous.

Il n'y a peut-être pas de rapport entre la scène du dimanche de juin et ce voyage autre que chronologique mais comment affirmer qu'un fait survenant après un autre n'est pas vécu dans l'ombre portée du premier, que la succession des choses n'a pas de sens.)

Au retour, je pensais sans arrêt à ce voyage. Je me replaçais dans les chambres d'hôtel, au restaurant, dans les rues des villes au soleil. Je savais qu'il existait un autre monde, vaste, avec du soleil écrasant, des chambres avec des lavabos d'eau chaude, des filles discutant avec leur père comme dans les romans. Nous n'en étions pas. Il n'y avait rien à redire.

Il me semble que c'est durant cet été-là que j'ai inauguré le jeu de la journée idéale, une sorte de rite que je pratiquais à partir du *Petit Écho de la mode* — le plus riche en publicités des journaux que nous achetions — après avoir lu les feuilletons et quelques rubriques. Le processus était toujours le même. J'imaginais que j'étais une jeune fille, vivant seule dans une grande et belle maison (variante : seule dans une chambre à Paris). Avec chaque produit vanté dans le magazine, je construisais mon corps et mon apparence, jolies dents (avec Gibbs), lèvres rouges et pulpeuses (rouge Baiser), silhouette fine (gaine X), etc. J'étais vêtue d'une robe ou d'un tailleur qu'on proposait d'acheter par correspondance, mes meubles venaient des Galeries Barbès. Mes études étaient celles dont l'École Universelle vantait les débouchés. Je ne me nourrissais que des aliments dont les bienfaits étaient énoncés : pâtes, margarine Astra. J'éprouvais une grande jouissance à me créer uniquement à partir de produits figurant dans le journal — règle respectée scrupuleusement — que je découvrais au fur et à mesure, lentement, prenant le temps de développer chaque « réclame », d'assembler les images entre elles et d'organiser le récit d'une journée idéale. Celle-ci consistait par exemple à me réveiller dans un lit Lévitan, prendre pour petit déjeuner du Banania, brosser ma « splendide chevelure » avec du Vitapointe, travailler mes cours par correspondance, d'infirmière ou d'assistante sociale, etc. D'une semaine l'autre, le changement de réclames renouvelait ce jeu qui, à l'inverse de la dérive imaginaire suivant la lecture des romans, était très actif, excitant — je fabriquais de l'avenir avec des objets réels —, frustrant car je ne parvenais jamais à établir le mode d'emploi d'une journée entière.

C'était une activité secrète, sans nom, et je n'ai jamais cru possible que d'autres s'y livrent.

Les affaires du commerce ont brusquement décliné en septembre, un magasin Coop ou un Familistère s'était ouvert dans le centre-ville. Le voyage de Lourdes avait été sans doute trop coûteux pour nous. Mes parents parlaient à voix basse dans la cuisine, l'après-midi. Un jour ma mère nous a reproché, à mon père et moi, de ne pas avoir bien prié à la grotte. Nous nous sommes esclaffés et elle a rougi, comme si elle venait de révéler une relation avec le ciel que nous étions incapables de comprendre. Ils prévoyaient de vendre et de se faire embaucher comme vendeurs dans un commerce d'alimentation ou de retourner en usine. La situation a dû s'améliorer par la suite puisque cela ne s'est pas réalisé.

Vers la fin du mois, j'ai souffert d'une dent cariée et ma mère m'a emmenée pour la première fois chez le dentiste, à Y. Avant de m'envoyer un jet d'eau froide sur la gencive pour la piqûre, il m'a demandé « ça te fait mal quand tu bois du cidre ? ». C'était la boisson de table des ouvriers et des gens de la campagne, adultes et enfants. À la maison, je buvais de l'eau comme les pensionnaires de l'école privée, quelquefois additionnée de grenadine. (Aucune phrase signifiant notre place dans la société ne m'échappait donc plus ?)

À la rentrée, nous faisions, à deux ou trois filles, le ménage de la classe, un samedi après la fin des cours, en compagnie de Mme B., le professeur de sixième. Dans la familiarité des chiffons à poussière, j'ai entonné une chanson d'amour, *Boléro*, à pleine voix, puis je me suis arrêtée. J'ai refusé de poursuivre, comme m'y invitait Mme B., de manière pressante. Persuadée qu'elle attendait que je dévoile ma vulgarité pour la dénoncer avec violence.

Inutile de continuer. La honte n'est que répétition et accumulation.

Tout de notre existence est devenu signe de honte. La pissotière dans la cour, la chambre commune — où, selon une habitude répandue dans notre milieu et due au manque d'espace, je dormais avec mes parents —, les gifles et les gros mots de ma mère, les clients ivres et les familles qui achetaient à crédit. À elle seule, la connaissance précise que j'avais des degrés de l'ivresse et des fins de mois au corned-beef marquait mon appartenance à une classe vis-à-vis de laquelle l'école privée ne manifestait qu'ignorance et dédain.

Il était normal d'avoir honte, comme d'une conséquence inscrite dans le métier de mes parents, leurs difficultés d'argent, leur passé d'ouvriers, notre façon d'être. Dans la scène du dimanche de juin. La honte est devenue un mode de vie pour moi. À la limite je ne la percevais même plus, elle était dans le corps même.

J'ai toujours eu envie d'écrire des livres dont il me soit ensuite impossible de parler, qui rendent le regard d'autrui insoutenable. Mais quelle honte pourrait m'apporter l'écriture d'un livre qui soit à la hauteur de ce que j'ai éprouvé dans ma douzième année.

L'été 96 s'achève. Quand j'ai commencé de penser à ce texte, un obus de mortier est tombé sur le marché de Sarajevo, tuant plusieurs dizaines de personnes, en blessant des centaines. Dans les journaux, certains écrivaient, « la honte nous étreint ». Pour eux, la honte était une idée qu'on pouvait avoir un jour et abandonner le lendemain, appliquer dans une situation (la Bosnie), et pas dans une autre (le Rwanda). Tout le monde a déjà oublié le sang du marché de Sarajevo.

Durant les mois où j'ai écrit ce livre, j'étais tout de suite alertée par les faits, quels qu'ils soient — sortie d'un film, d'un livre, mort d'un artiste, etc. —, dont on signalait qu'ils s'étaient passés en 1952. Il me semblait qu'ils certifiaient la réalité de cette année lointaine et de mon être d'enfant. Dans un livre de Shohei Ooka, *Les Feux*, paru au Japon en 1952, je lis : « Tout ceci n'est peut-être qu'une illusion mais je ne puis mettre en doute ce que j'ai ressenti. Le souvenir aussi est une expérience. »

Je regarde la photo de Biarritz. Mon père est mort depuis vingt-neuf ans. Je n'ai plus rien de commun avec la fille de la photo, sauf cette scène du dimanche de juin qu'elle porte dans la tête et qui m'a fait écrire ce livre, parce qu'elle ne m'a jamais quittée. C'est elle seulement qui fait de cette petite fille et de moi la même, puisque l'orgasme où je ressens le plus mon identité et la permanence de mon être, je ne l'ai connu que deux ans après.

Octobre 96

DU MÊME AUTEUR

Aux Éditions Gallimard

LES ARMOIRES VIDES, Folio n° 1600.

CE QU'ILS DISENT OU RIEN, Folio n° 2010.

LA FEMME GELÉE, Folio n° 1818.

LA PLACE, Folio n° 1722 et Folio Plus n° 25.

UNE FEMME, Folio n° 2121.

PASSION SIMPLE, Folio n° 2545.

JOURNAL DU DEHORS, Folio n° 2693.

LA HONTE, Folio n° 3154.

« JE NE SUIS PAS SORTIE DE MA NUIT », Folio n° 3155.

LA VIE EXTÉRIEURE, Folio n° 3557.

L'ÉVÉNEMENT, Folio n° 3712.

L'OCCUPATION, Folio n° 3902.

Composition Jouve.
Impression Bussière
à Saint-Amand (Cher), le 25 janvier 2006.
Dépôt légal : janvier 2006.
1ᵉʳ dépôt légal dans la collection : janvier 1999.
Numéro d'imprimeur : 060436/1.
ISBN 2-07-040715-2./Imprimé en France.

142252